不停止的科学

从万物组成到虚拟生命

生物与地球 篇

[英] 布莱恩·克莱格 著

赵竞欧 译

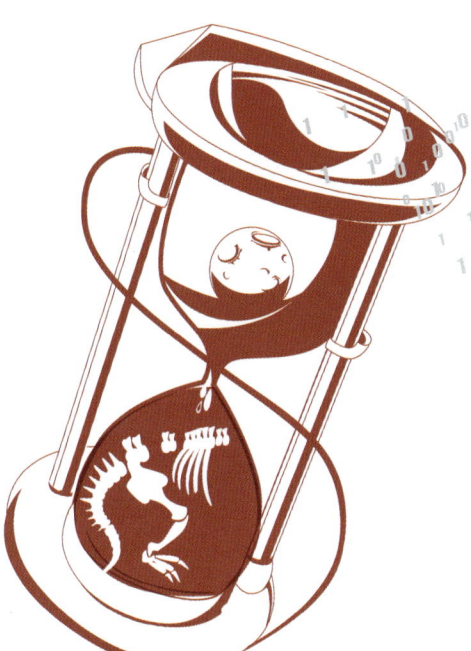

电子工业出版社
Publishing House of Electronics Industry
北京·BEIJING

Originally published in English under the title: Essential Science by Brian Clegg
Design © Welbeck Non-Fiction Limited 2020
Text copyright © Welbeck Non-Fiction Limited 2020
Simplified Chinese rights arranged through CA-LINK International LLC.
Simplified Chinese edition copyright: Publishing House of Electronics Industry.
All rights reserved.

本书中文简体字版授予电子工业出版社独家出版发行。未经书面许可，不得以任何方式抄袭、复制或节录本书中的任何内容。

版权贸易合同登记号　图字：01-2023-4069

图书在版编目（CIP）数据

永不停止的科学：从万物组成到虚拟生命．生物与地球篇 /（英）布莱恩·克莱格（Brian Clegg）著；赵竞欧译．— 北京：电子工业出版社，2023.9
ISBN 978-7-121-46252-8

Ⅰ．①永… Ⅱ．①布… ②赵… Ⅲ．①科学知识—普及读物 ②生物学—普及读物 ③地球—普及读物 Ⅳ．①Z228 ②Q-49 ③P183-49

中国国家版本馆 CIP 数据核字（2023）第 167688 号

责任编辑：张　冉
文字编辑：刘　晓
特约编辑：胡昭滔
印　　刷：中国电影出版社印刷厂
装　　订：中国电影出版社印刷厂
出版发行：电子工业出版社
　　　　　北京市海淀区万寿路 173 信箱　邮编：100036
开　　本：787×1092　1/16　印张：18.25　字数：554.8 千字
版　　次：2023 年 9 月第 1 版
印　　次：2023 年 9 月第 1 次印刷
定　　价：128.00 元（全 2 册）

凡所购买电子工业出版社图书有缺损问题，请向购买书店调换。若书店售缺，请与本社发行部联系，联系及邮购电话：(010) 88254888，88258888。
质量投诉请发邮件至 zlts@phei.com.cn，盗版侵权举报请发邮件至 dbqq@phei.com.cn。
本书咨询联系方式：(010) 88254439，zhangran@phei.com.cn，微信号：yingxianglibook。

目 录

生物学和进化论

- 6 · 定义生命
- 14 · 古生物学
- 22 · 进化论和自然选择
- 30 · 遗传学
- 38 · 简单的生命形式
- 46 · 复杂的生命形式
- 54 · 多样性与种群

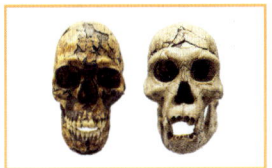

地球科学

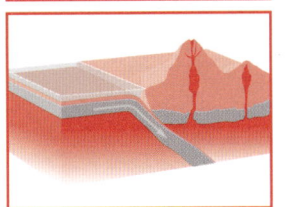

- 64 · 形成
- 72 · 构造
- 80 · 生命的起源
- 88 · 碳循环
- 96 · 岩石循环
- 104 · 天气系统
- 112 · 气候变化
- 120 · 关键人物、思想和概念
- 123 · 术语表
- 128 · 延伸阅读

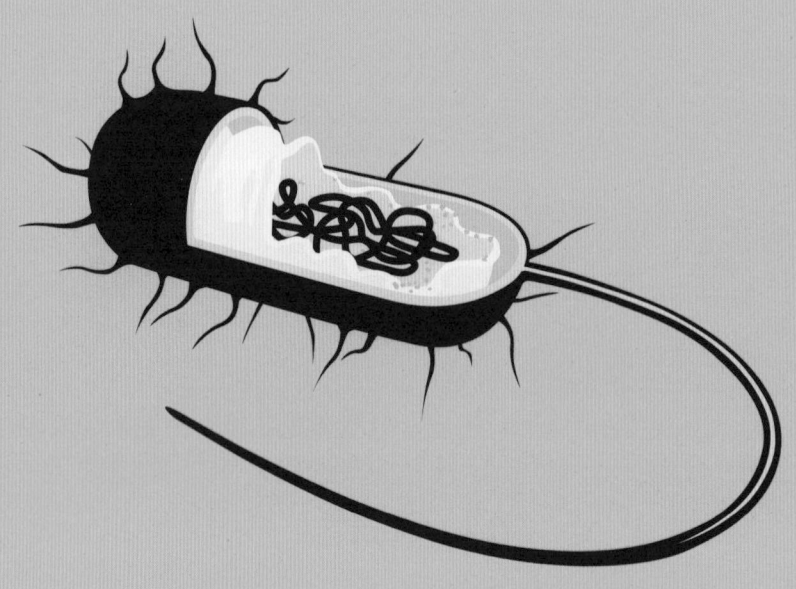

生物学和进化论

定义生命

思想概述

生命最广泛和最完整的定义是：内在关系对外在关系的不断调适。

赫伯特·斯宾塞，1864年

生物学是研究生物的学科，但令人尴尬的是，定义生命究竟是什么却十分困难。说有些东西是有生命的（如动物和植物），而有些东西是没有生命的（比如石头和书本），这相对容易。然而，有很多例子还处于模棱两可的状态。

许多关于生命的定义，如上文引用的斯宾塞的定义，含糊不清，几乎无法使用。例如，按照斯宾塞的定义，带有恒温器的中央供暖系统是有生命的。

而科学往往仅通过生命的属性和特征来识别生命，如列举生物的典型能力和行为。同样，有人提出，当生命系统处于非平衡状态时，保证系统平衡的能力对生命具有决定性意义。无论如何看待，生命都令人着迷，又令人难以把握。

起源与发展

历史上,生命往往被认为是某种特殊能量、灵魂或精神的结果。在一些文化中,这种能量与空气相关联,这就是为什么有那么多的词语将空气和精神联系在一起,如呼吸(respiration)和断气(expire)。这种假设被称为生命力说,在古埃及和古希腊文化中都很普遍。17世纪,法国哲学家勒内·笛卡儿将早期的精神与物质分离的思想具体化,即所谓的二元论(dualism)。尽管并非完全相同,但二元论也可以被视为暗示着一种独立而特殊的生命力。

到了20世纪,生命力说在科学上被局限于替代医学,提出生命是生物体物理成分的一种涌现属性(emergent property),仅此而已。涌现属性是指,组件协同工作的能力大于个体的简单总和,这在各个自然系统中十分常见。

有生命的物体

以有机体形式存在的有生命的物体,这一现代观念是何时出现的,已经无从考证。生物体(organism)一词至少可以追溯至1701年,但最初的意思只是具有有机的性质,而不是一个独立的生物,例如,最早记录的用法是"眼睛中对人有益的有机体"。

事实证明,在识别生命的过程中,有两个特殊发现难以界定:细胞和病毒。17世纪早期,人们用显微镜发现了细胞。虽然单细胞生物显然被认为是有生命的,但来自多细胞生物的单个细胞是否可以被认定为有生命,这一点很难说得清楚。同样,20世纪初发现的病毒(大多比细菌小得多),具有生物体的某些特性,但并不具备生物体的全部特性,所以它仍属于生物的边缘体。

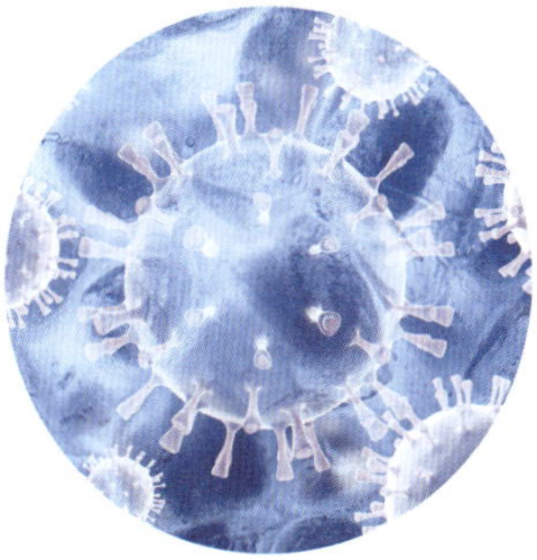

上页图:生命的独特性质易识别,但难界定。
上图:勒内·笛卡儿(1596—1650)。
下图:病毒具有生物体的某些特性,但不具备生物体的全部特性。

核心理论

性质、结构与熵

生物学家们借助生物体的诸多特性来定义生命。他们定义的生命特性一般有七种,不过后来也出现了一些变体,其中的个别特征被拆分,如下所述。

- **运动或对刺激做出反应**——我们熟悉动物的运动,但其实植物也会运动,只是时间尺度不同,而且动植物都会对物理和化学刺激做出反应。
- **营养**——任何生物都会消耗能量,而能量必须来自某处——可能是通过分解食物产生化学能,也可能是通过光合作用从太阳光中产生化学能。
- **呼吸作用(有时与营养结合为新陈代谢)**——有许多有助于产生能量的过程,这些过程往往涉及与氧的反应并会产生废气。
- **组织结构**——所有生物都有某种内部结构,并且都基于一个或多个细胞的形式,这些细胞可以是原核细胞(没有细胞核,如细菌),也可以是真核细胞(具有细胞核,如动物和植物)。
- **系统调节(动态平衡)**——由于生物体是一个以不同形式摄取和释放能量的系统,因此它必须具有反馈和控制机制来维持内部特性。
- **排泄**——营养的反属性。生物会产生废弃物,无论是化学成分还是热量,都需要从系统中清除。
- **繁殖**——生物体能够产生自身的副本,以维持物种的生存。繁殖往往不是直接的复制,而是涉及某种形式的变异,从而提高它们在不断变化的环境中生存的能力。
- **感知**——一个关键的生存需求是能够探测到周围的环境,通常是通过传感器对不同形式的能量做出反应。
- **生长**——随着生物体的发育,生物体通常会在规模、复杂性上有所增长或两者兼有。

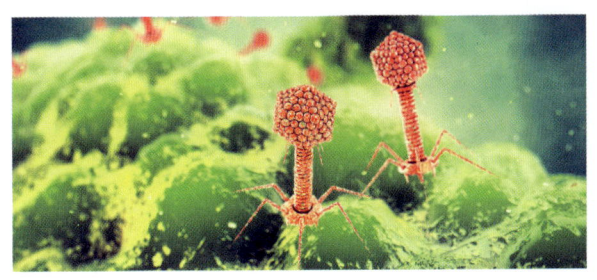

可以说，上述许多特性，如具有组织结构和进行系统调节，都是典型而非必需的——可以想象存在没有这些特性的生命形式。即使是繁殖，也不是生物生存的必要条件：有很多生物（如骡子）是无法繁殖的。相反，有些结构具有这些特性，但并非具有生命。比如，雪花具有组织结构，化学反应会释放热量，但它没有生命。有一个值得注意的临界例子——病毒，它具有很多但不是全部的生命特性。

细菌肯定具有生命，病毒则有很大不同。病毒通常比细菌小得多，也没有繁殖机制。它采用的机制是劫持其所感染的生物体的细胞繁殖。在很长一段时间里，人们认为病毒不具有生命。然而，现在的情况更为微妙。在认识到各种生命特性只是经验法则后，一些科学家接受了病毒是一种特殊的生命形式这一观点。

生命是什么？

虽然似乎超出了专业范围，但在量子力学家埃尔温·薛定谔于1944年出版《生命是什么？》（What is Life?）一书后，不少物理学家对生命的本质产生了兴趣。物理学是从能量流和熵的角度来看待生命的。

如我们所见，熵是热力学中重要的物理量，可被看作系统无序度的量度。与原子集合相比，生物体具有高度的组织性，这意味着需要降低熵才能产生生命。熵有不断增加的自然趋势，但通过向其周围环境发送热量（称为耗散过程），系统可以减少熵——这实际上就是冰箱的工作原理。

通过将熵从自身转移到周围环境，生物体可以保持非平衡状态。在通常情况下，系统自身会进行调节，以与周围环境达到平衡。例如，一块不稳定的石头会滚动，直到到达一个力平衡（均等）的位置，然后停止。同样，一杯热咖啡也会冷却，与周围环境交换热量，直到二者达到温度平衡。但生物体却永远保持不平衡的状态。物理学家认为，这是衡量生命的明确标准——如果某一事物能够保持自身处于非平衡状态，那它就具有生命。

上页左图：生物体会呈现出七种特性（也有可能被拆分成九种）中的大部分。
上页右图：散热是将热量传递给周围环境的过程。
上图：噬菌体——攻击细菌的病毒。

求同存异

> 生命的存在应被视为一个基本事实，虽然无法解释，但必须将其视为生物学的起点……在此意义上，宣称从物理或化学角度对生命特有的功能进行解释，与对原子稳定性进行不充分的力学分析一样，都是不可能达成的。
>
> 尼尔斯·玻尔，1933年

上文引用的文字来自丹麦物理学家尼尔斯·玻尔，他是发现原子量子结构的核心人物。玻尔的理论需要完全转变先前的力学观点（将原子的电子和原子核视为很小的粒子），接受量子粒子的行为与我们所体验到的物体有着本质的不同。我们不能通过观察普通粒子的行为来推断量子行为，我们必须接受量子粒子是不同的。

同样，玻尔提出，生命不能从物理学或化学的层面进行解释，而应该简单地将其视为生物存在的方式。一些物理学家对此不太认同，他们认为包括生命在内的一切事物都能够归结为基本的物理依据。从某种意义上说确实如此，但和其他复杂的系统（如地球的天气系统）一样，生物体各组成部分的相互作用非常复杂，这导致生物体的各种特性无法按照物理原理进行还原。

上图： 尼尔斯·玻尔（1885—1962）。
下页上图： 海莉耶塔·拉克斯（1920—1951）。
下页下图： 海拉的子宫颈癌细胞。

学科价值

从某种意义上来说，定义生命更多的是一种哲学（和词汇学）上的冒险，而不是科学上的冒险。尽管某些特定的鉴定存在困难，但生物学家通常对自己研究的内容充满信心，并且对于绝大多数的生物体来说，研究不存在问题。

然而，考虑生命的本质是有裨益的，比如，在采用物理学方法——用熵和非平衡系统来定义生命时，这种思考可以提供有用的洞察，以了解其他非生命但同样具有非平衡系统（如沙丘）的行为。

也有一些有趣的边界例子值得思考，如在活体外繁殖的细胞培养物。一个突出的例子是人类癌细胞的海拉细胞系。这些细胞来自美国一位名叫海莉耶塔·拉克斯（Henrietta Lacks）的癌症患者，该患者于1951年去世。海拉细胞系是癌症和HIV研究的重要资源。由于癌细胞可以无限繁殖，因此目前科学家们已经让海拉细胞增长到了5000多万吨。存在争议的是，人们说活细胞不具有生命，但像这样培养的细胞可以表现出生命的大部分特性。

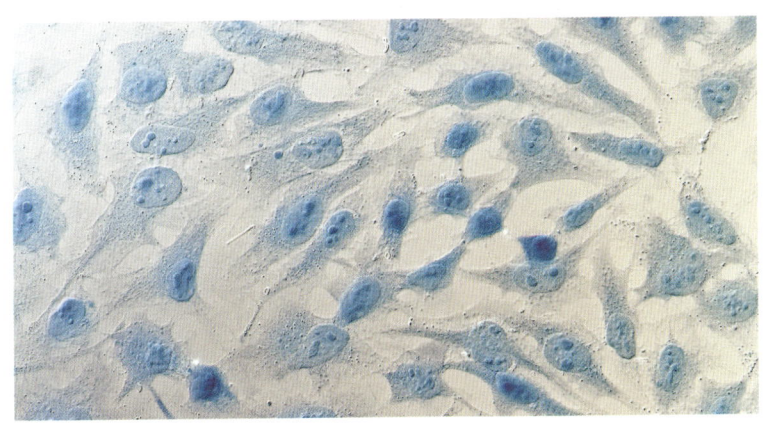

未来发展

由于越来越多的人抵制食用生物体，所以有人提出，未来可以在培养物中培养细胞，以生产肉类替代品——与海拉细胞系一样，很难完全确定细胞培养物是否具有生命。

也许最有趣的未来发展将出现在人工智能和人造生命方面。虚拟生命（或智能）和真实生命之间其实是很难区分的。如果一个人造生物体展现出与生命有关的所有特性，那么我们是否还会言之凿凿地说它没有生命？

我们往往会自然而然地认为，这样的人造生物不具有生命，但这种感觉在很大程度上是由"生命力"这一自然但非科学的概念所支撑的，因此争议不断。如果某些东西是人为创造的，那么我们会觉得它缺乏应有的生命精神，因此即使它拥有生物体所有的特性，我们也认为它没有生命。

上图： 实验室中的"细胞培养肉"。

知识回顾

起源与发展	核心理论	求同存异	学科价值	未来发展
人类历史上，生命总是与能量、灵魂或精神相关联。	生物学家们往往通过七种（也可能被拆分成九种）生命特性来识别生命。	物理学家尼尔斯·玻尔提出，**生命不能**从一般的物理和化学层面来**解释**，而应该按其本来面目来理解，类似于我们对量子力学的理解。	在某种程度上，这只是一个**定义问题**：生物学家很少会不确定某物是否具有生命。	人们对通过**细胞培养生产肉类**越来越感兴趣。
17世纪 笛卡儿将早期的精神与物质分离的思想具体化，即所谓的二元论。	这些过程包括**运动、营养、呼吸、组织、排泄、繁殖和生长**。	另一些人则认为，生命可以**归结为原子的本质**，但实际上，由于复杂系统中的涌现属性，这种理解具有局限性。	**理解非平衡系统**有助于理解其他的此类系统（如沙丘）的形成。	随着人工智能和机器人技术的发展，**区分虚拟生命与真实生命**将成为重要的一环。
1701年 人们首次使用"生物体"一词。	并非所有这些过程都是**严格意义上生命所需的**。		边界例子很有意思，如**细胞培养物的本质**，它们可以繁殖，但它们具有生命吗？	人们对人造生物的怀疑，在很大程度上源自**难以放弃生物体背后有"生命力"的想法**。
19世纪30年代 "生物体"一词开始采用现代用法，融合了生物的行为。	**病毒是一个识别困难的例子**，因为它们缺乏繁殖机制，但和过去相比，现在病毒被认为具有生命。			
20世纪 生命力说仅限于替代医学。生命被视为一种涌现属性。	物理学家为生命提供了**另一种定义**，即生命是一个系统，可以降低熵使自身维持在非平衡状态。			

古生物学

思想概述

> 古生物学是地球上最荒芜、最无生命地区的阿拉丁之灯。它触摸岩石,就会依次涌现那过往的君主、那古老的河流和那河流灌溉过的草原。
>
> 罗伊·查普曼·安德鲁斯(Roy Chapman Andrews),1926年

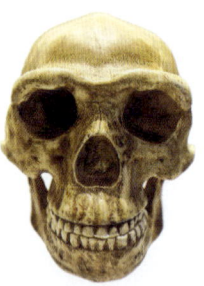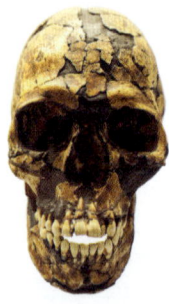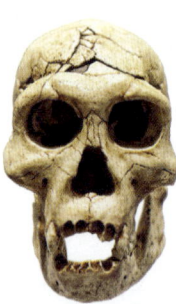

 古生物学家是从未接触过活的生物体的生物学家,这听上去像个悖论。古生物学家就是科学界的犯罪现场调查人员,他们研究的往往是已灭绝的动植物遗骸(多数已成为化石),他们试图拼凑出地球上已不存在的生命形式。

 古生物学家最主要的两个研究对象是人类的前身和恐龙。后者给出了一个很好的例子,说明古生物学在20世纪是如何发展的。与对人类化石遗骸的认识尚有局限性相比,我们目前对恐龙的认识已经十分透彻,从发现鸟类的祖先身上有羽毛(包括侏罗纪公园最受欢迎的迅猛龙)到认识到许多恐龙可能不是冷血动物。

上图: 远古人类的头骨。
下页上图: 玛丽·安宁(1799—1847)。
下页下图: 皮尔当人的下颌骨。

起源与发展

虽然人类早期对化石就有观察，比如，公元前5世纪的古希腊哲学家克塞诺芬尼（Xenophanes）从陆地上的贝壳化石中正确地推断出这些陆地曾是海洋。达·芬奇也曾绘制过一系列化石，但直到18世纪90年代初，法国自然学家乔治·居维叶（Georges Cuvier）对骨骼化石进行了系统的对比，并将化石与现有的动物从解剖学上进行了比较，古生物学才被认为是一门真正的科学。

天才的业余爱好者

最初，古生物学研究往往是科研机构之外、出于个人兴趣的自发研究。比如，19世纪最著名的化石收藏家是玛丽·安宁（Mary Anning），她生于1799年，曾在英国多塞特郡发现了一系列化石。尽管没有受过什么正规教育，但她却成为该领域受人尊敬的贡献者。

古生物学（palaeontology）最初被称为化石学（fossilology），1822年由法国解剖学家布兰维尔（Blainville）开创。布兰维尔首先提出的拼写是"paléozoologie"，然后将其扩展到"paléosomiologie"，并将其意义扩展到动物之外，但这两个词并未流行开来，所以在第三次尝试时，他最终选择了"paléontologie"。

最初，古生物学是比较解剖学的延伸——寻找现存和灭绝动物骨骼之间的相似性和差异性。随着进化理论的发展，它与在进化树上追溯过去有了更密切的联系。

尽管融入了进化论，但古生物学还是遭到了对定向"生命链"（chains of life）有所期待的人们的批评。定向"生命链"与进化论背道而驰，并引发了"进化缺环"（missing links）的思潮，导致了一些历史性骗局的出现。例如，1912年在英国苏塞克斯发现的皮尔当人（Piltdown Man），曾被认为是猿类和人类之间的纽带。

实际上，尽管报纸仍然不断宣称发现了新的"人类祖先"，且这种趋势仍在继续，但化石记录非常粗略，几乎不可能把人类（或许多其他现存生物）与远古时代的化石遗迹清晰地联系起来。

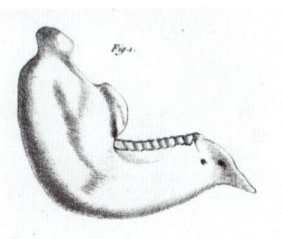
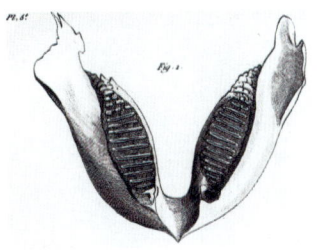

核心理论

化石、定年法和人类起源

古生物学研究的核心能力是化石化过程。生物体大多是脆弱的，随着时间的推移会腐烂。然而，在合适的条件下，化石可以无限期地保存生物体的残骸。化石化有多种机制，但最重要的一种是：矿物质含量高的水渗入遗迹中，使沉积的矿物质硬化，以保留石头中原有生物体的某些结构。

这一过程最有可能发生在海洋生物身上，这就是为什么在曾经是海底的陆地上发现了如此多的化石。对于陆生动物来说，无论是恐龙还是早期的人类，以及人类的祖先，这个过程都极为罕见。不过在这方面，我们比其他大型类人猿要好一些，因为人类经常生活在靠近大海的地方，而大猩猩或黑猩猩的祖先则更有可能生活在热带地区或山林中，因此它们的化石数量要少得多。

人类时代

人类古生物学估计，智人（Homo sapiens）已经存在了约20万年，而更古老的可能是我们祖先的物种，可以追溯到约400万年前。尽管恐龙往往是真正古代古生物学的代表，但它们的历史仅可追溯到2.4亿年前。而在化石和较少的遗迹中发现的其他生命形式，包括似乎源自单细胞生物的微量元素，可追溯到30多亿年前。

古生物学研究采用了一种倒置的树形结构，这种方法被称为支序分类学（cladistics），它建构出一棵"树"，以显示不同物种从其共同祖先那里分支出来的位置。

上图：鱼龙化石遗迹。
下页上图：恐龙进化树。
下页下图：利用树轮年代学的碳-14测年法。

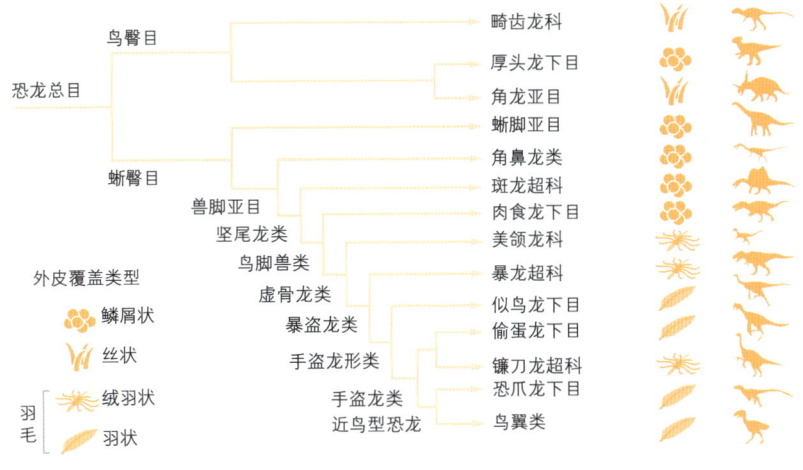

证 据

化石记录极为不完整。与其说进化缺环,不如说缺了整棵进化树,我们只看到了过去的极小一部分。例如,当发现一个人类前化石时,媒体倾向于给它贴上人类祖先的标签,实际上,虽然我们通常可以大致确定化石的时间,但无法确定它是否是我们的祖先之一,或许它只是进化树上和人类平行的一个物种。

根据放射性半衰期测定化石年代,让我们的追溯能力大大提高。正如我们所见,许多元素有多种同位素,各同位素原子核中的中子数不同,其中一些同位素具有放射性。当一个生物体处于生命状态时,它体内的放射性原子会定期从环境中被置换,因此它具有当时存在的典型放射性同位素水平。但动物或植物一旦死亡,就会停止吸收新的原子,而其体内已存的原子就会逐渐衰变。

放射性碳定年法

我们无法确定一个特定的放射性原子何时发生分裂、释放能量并产生新的原子,但可以预测的是原子半衰期,即原子的一半发生衰变的时间。因此,以经常用于测年的原子碳-14为例,其半衰期为5730年。在这段时间过后,化石中一半的碳-14会发生衰变。再过5730年,剩下的一半将再次减半,以此类推。

为了用这种方法获得准确的年代,我们需要知道大气中碳-14的比例(随时间而变化)。起初这是不正确的估计,但事实证明,我们有可能利用非常古老的树木中的年轮(所谓的树轮年代学)来进行校准,现在这种估算已相当准确。碳定年法只能估测距今约5万年的化石。如果要研究距今超过6500万年的恐龙骨骼,那我们必须采用其他方法。人们通常会使用铀和钾等元素,这些元素的放射性同位素的半衰期要长得多。由于恐龙体内往往不含铀,所以人们大多测定的是同时代恐龙周围的岩石,而不是恐龙本身。

求同存异

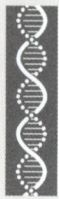

古生物学家（遗传学家）认为，自己就像一个站在街角看着汽车飞驰的人，并因此投身于研究内燃机的原理。

乔治·盖洛德·辛普森（George Gaylord Simpson），1994年

西方学者刚开始研究化石时，普遍认为地球的年龄在6000岁左右。这种认知来自《圣经》的年表。人们认为，化石的遗骸来自大洪水中未登上诺亚方舟的生物。然而，这种观点存在着严重的问题。它要求所有不同的物种（不管是已经灭绝的还是仍然活着的）都能共存。然而，发现化石的方式似乎暗示着，不同种类的动物的时间跨度不同。

随着地质学的发展及进化论的兴起，生命在地球上存在的时间似乎远远超过6000年，人们开始将生命的跨度增至数百万年，然后又扩展至数十亿年。我们现在相信，地球上开始有生命的时间可追溯到约40亿年前。这一大大扩展的时间跨度不为所有人接受，有些人认为《圣经》的解释比科学证据更有分量。他们不断地寻找古生物学研究中的不足和失误，常常挑剔化石记录中的漏洞，从而忽略了定年法的明确证据。

上图：化石曾经被认为是无法幸免于《圣经》中大洪水的生物的遗骸。
下页图：导致恐龙灭绝的物种大灭绝被认为是由小行星撞击地球引起的。

学科价值

古生物学并不是那种有实际应用、在日常生活中发挥明显作用的科学。然而，无论是考虑我们如何从智人而来，还是研究现有各种生命形式的更广泛起源，古生物学都是了解地球上过去的生物体的强大工具。

古生物学研究的一项重要成果是人们对过去的物种大灭绝的认识。例如，在大约6500万年前，统治世界的恐龙灭绝，人们认为这场大灭绝与小行星撞击地球导致的毁灭性的气候变化相关。

 一些生物学家认为，由于人类对环境的破坏，目前人类正处于一场新的大灭绝之中。

古生物学给我们提供了一个广泛的视角，从地球上已知的最早的生命证据到相对较近的时代的发现，包括人类从智人进化以来20万年的遗迹。

除了将生物学延伸到过去，古生物学还让我们更好地了解进化原理。例如，在人类进化的过程中，曾出现过其他人类物种，如尼安德特人（Homo neanderthalis）和弗洛雷斯人（Homo floresiensis）——印度尼西亚弗洛雷斯岛上所谓的霍比特人，这些可能是进化的"死胡同"，从而说明了人类的进化并不是单一、定向发展的。

未来发展

相对于较新的发现，古生物学家越来越能够利用DNA来发现物种之间的关系。例如，古生物学家发现了现代人类的基因中有尼安德特人的基因。然而，这种方法有其局限性，因为DNA会随着时间的推移而衰变。对有超过150万年历史的DNA进行操作绝无可能，因此电影《侏罗纪公园》中用琥珀中有6500万年历史的DNA再造恐龙的场景永远不会发生。

然而，我们越来越能够发现早期古生物学家无法获得的细节，因此我们现在有了一些关于恐龙色素沉着的信息。在研究着色之前，人们的猜测主要基于恐龙与现在爬行动物的相似之处。因为化石太过稀少，到目前为止，我们的研究图景依然模糊，所以未来最大的进展将是找到更多的标本。然而，化石发生的概率很低，这就意味着我们对过去的研究始终是有限的。

上图：在化石中发现了一些恐龙的色素沉着。

知识回顾

生物学和进化论

起源与发展	核心理论	求同存异	学科价值	未来发展
公元前5世纪 古希腊哲学家克塞诺芬尼根据陆地上的海洋生物化石推断，该地区曾经是海洋。 **18世纪90年代** 法国自然学家乔治·居维叶将骨骼化石和现代动物进行了系统的比较。 **从19世纪20年代开始** 英国化石收藏家玛丽·安宁贡献了许多早期发现。 **1822年** 法国解剖学家布兰维尔创造了古生物学一词。 **1912年** 皮尔当人"进化缺环"的骗局被揭穿。	古生物学的核心是**化石化**过程。 **海洋生物更有可能成为化石**，因为富含矿物质的水更有可能渗入遗迹中。 **化石记录**极不完整。 **放射性碳定年法**已被广泛用于发现相关的时间尺度。 **人类古生物学**将人类起源追溯到约400万年前。 古生物学家利用**支序分类学中的倒树结构**来显示不同物种何时出现了分化。	当化石刚被发现时，人们普遍认为**地球**的年龄在6000岁左右。 **化石在不同地层中**被发现似乎暗示它们并非来自同一时代。 现在，我们已经将**地球上生命的时间尺度扩展到40亿年**。 这一大大扩展的时间尺度并不为所有人接受，有些人认为《圣经》的解释比科学证据更有分量。	古生物学并没有实际的应用，但它却是了解**地球生命发展和人类适应环境**的有力工具。 古生物学一项重要的成果是认识过去的**物种大灭绝**，当时大量的动植物绝迹。 古生物学让我们更好地了解**生物进化的过程**，包括智人存在期间**其他近人类物种**的发展。	相对于较新的发现，古生物学家可以**利用DNA建立物种间的关系**。 DNA会发生衰变——**绝无可能存在超过150万年**，所以《侏罗纪公园》里的场景不会成为现实。 新发现的化石显示出更多细节，比如恐龙的一些**色素沉着**。 化石记录**始终稀少**，但是随着更多细节的加入，我们将会**对过去有更好的了解**。

进化论和自然选择

思想概述

> 进化……是地球上出现过的最有力和最全面的想法。
>
> 朱利安·赫胥黎（Julian Huxley），1964年

除了气候变化，没有任何科学理论像进化论一样引起如此多的争论——这很奇怪，因为它是一个如此常识性的想法，却没有被更早地接受。基于自然选择的进化有两个非常简单的出发点：我们将特征传递给后代；具有在特定环境中生存的能力的生物体更有可能将这些能力传递给后代。接受了这两个几乎没有争议的假设，进化就成为必然。在进化过程里，物种能够适应环境的变化——有大量证据表明它们确实如此。

那些怀疑进化过程的人往往接受这种局部规模的适应，但认为一个物种不可能进化成另一个物种。然而，物种的概念是一个完全随意的标签。这种情况没有理由不发生，大量的证据表明确实如此。

起源与发展

虽然早期的古希腊哲学家，如公元前5世纪的恩培多克勒（提出四元素理论）认为，生物体有可能随着时间的推移而变化，但这一概念在很大程度上被亚里士多德摒弃了。亚里士多德提出了固定物种的概念，这一概念一直延续到文艺复兴时期。在瑞典生物学家卡尔·林奈（Carl Linnaeus）于1735年出版《自然系统》（Systema Naturae）后，更多的物种开始被识别和构建。林奈普及了现在人们熟悉的物种二名法（binary species naming），但并没有提出物种可以随着时间

的推移而改变。

但是，到了18世纪下半叶，物种可以随时间变化的想法横空出世。例如，英国医学家伊拉斯谟斯·达尔文（Erasmus Darwin，查尔斯·达尔文的祖父）在1794年出版的《动物法则》（Zoonomia）一书中指出，所有生命都可能起源于同一根原始的"细丝"（filament）。

关键时刻

进化史上的关键时刻大概是在1858年。1831—1836年，英国博物学家查尔斯·达尔文（Charles Darwin）在乘坐英国皇家海军贝格尔号完成环球航行后，开始了他关于自然选择进化论的漫长酝酿过程。1858年，当收到威尔士博物学家阿尔弗雷德·拉塞尔·华莱士（Alfred Russel Wallace）的来信时，达尔文似乎还没有太强的紧迫感，他仍然没有出版其著作。华莱士提出的理论与达尔文的理论非常相似。两人没有竞相发表，而是在伦敦林奈学会上联合发表了他们的观点。

达尔文的旷世巨作有一个冗长的名字：《论处在生存竞争中的物种之起源（源于自然选择或对偏好种族的保存）》(On the Origin of Species by Means of Natural Selection, or the Preservation of Favoured Races in the Struggle for Life)，即我们熟知的《物种起源》。该著作可以说是科学史上最著名的书之一，于1859年11月24日出版，很快就销售一空，不得不在6周后再版。鉴于后来人们对进化论的抵制，也许有人会感到惊讶：该书刚出版时争论很少。

当时有不少辩论，著名的有1860年的牛津大辩论。牛津主教塞缪尔·威尔伯福斯（Samuel Wilberforce）在会上公然反对生物学家托马斯·赫胥黎（Thomas Huxley）和约瑟夫·胡克（Joseph Hooker）的进化论观点，但任何负面的声音都相对短暂。到了1871年，在达尔文出版后续著作《人类的由来及性选择》(The Descent of Man, and Selection in Relation to Sex)，并在书中将人类纳入进化论的视野时，进化论的概念似乎已被广泛接受。

上页图：弹涂鱼是一种可在地面停留片刻的鱼类。
上图：查尔斯·达尔文（1809—1882）。
下图：卡尔·林奈（1707—1778）。

核心理论

进化论、雀类和遗传图谱

进化论是一门科学理论,但又往往被解读为"仅是理论而已"。科学理论中的"理论"一词比在一般语言中更具说服力——一般语言中的"理论"并非科学,而是"假说"。科学理论是有证据支持的解释,而不仅仅是直觉。自然选择进化理论是在给定的两个假设下得出的简单逻辑。这两个假设是,父代可以将特征传递给后代,以及更适应环境的生物更有可能繁殖并传递这些特征。

遗传学的重要意义

最初提出进化论时,人们还不知道第一个假设实现的机制——现在我们知道,这是一个遗传学的问题。然而,这些假设的逻辑(毫无疑问得到了证据的支持)是,一个物种会在几代的时间里发生变化,以适应其所处的环境。

进化论的批评者认为,虽然物种内部的"微观进化"(micro-evolution)是可能的,但它并不足以解释新物种是如何形成的。然而,进化论对此并无异议,因为物种(species)是人类的标签,而非自然的标签。物种曾被定义为能相互繁殖的一群个体。这个定义显然有其局限性,例如,当一个特定的有机体不能繁殖时,或者当一个物种通过一个细胞分裂成两个新的细胞来繁殖时,该定义就不成立。现在我们倾向于从基因上定义物种,基因可以让我们更清楚地认识到,两个物种之间的差异不是非此即彼的区别,而是反映了大量微小的基因差异。

现在,我们可以理解进化论的关键悖论。每一种生物体都是与其父代相同的物种,尽管如此,我们还是可以看到一个物种如何最终产生另一个物种。可以采用一个平行的例子来解释。通过电脑的清晰辨识,我们可以发现光谱有数百万种色调。其中任何一种颜色与相邻的颜色在视觉上都是无法区分的,但整个光谱的颜色会从红色逐渐变为橙色、黄色、绿色、蓝色、靛蓝色和紫色(或任何你想采用的颜色标签集合)。

同样，父代与子代之间的遗传变异也是极小的，从物种上难以区分。但是，历经数代，当环境发生自然选择时，这些差异叠加在一起，便足以让我们看到一个全新的物种出现。

证 据

进化的经典案例是达尔文雀和椒花蛾。雀的喙有着各种各样的形状和大小。当环境适合大喙雀的时候，例如，天气条件使大而硬的种子更容易生长时，则更多的大喙雀生活舒适，并繁衍出大喙的后代。类似地，当环境趋向于产生小而软的种子时，随之而来的是小喙雀的繁荣。

椒花蛾原本为浅色，带斑驳的花纹，接近于树皮的颜色。随着工业革命的发展，某些地区的树木被煤烟熏黑——几代之后，大多数蛾子变黑了。当政府立法进行保护，使得污染大幅减少时，几代之后，椒花蛾又变回了浅色。

我们有证据表明，特定的新物种正在出现，特别是当现有物种被限制在一个不同于其习惯的环境的环境中时；也有证据表明了物种之间在其共享的DNA数量上的关系。由于涉及的时间跨度很长，所以我们能见证的物种发生变化的概率不高。但是，生命在地球上存在了大约40亿年——足以让物种发生变异。

上页图： 达尔文的雀喙图，表明为适应环境而进化。
上图： 浅色的椒花蛾。
下图： 达尔文雀的一种。

求同存异

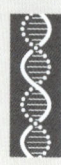

> 进化在美好的理想之上不断攀登,而逆转总是将进化拖入泥沼。
>
> 阿尔弗雷德·丁尼生(Alfred Tennyson),1886年

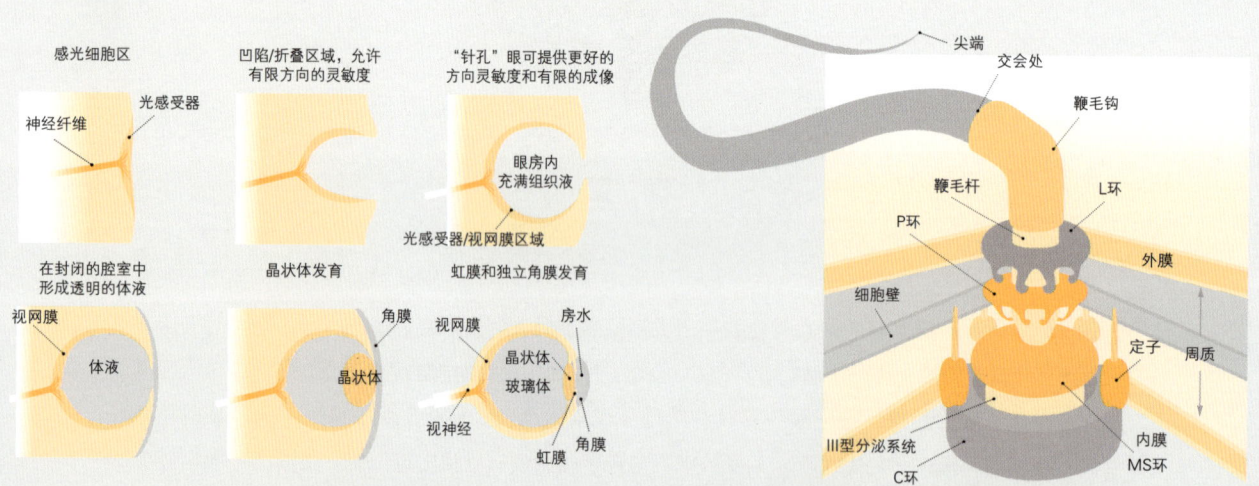

在最初令人惊讶的轻松起步之后,进化论遭到了宗教团体的强烈反对。宗教团体认为,进化论与《圣经》中的论断背道而驰。《圣经》说,人类和动物在地球形成之初便已按照如今的形态被创造了出来。虽然很多有宗教信仰的人乐于接受进化论是其信奉的神灵所使用的机制,但也有人觉得这与他们的信仰相悖。

神创论

虽然神创论者拒绝接受进化论,因为他们认为自己的宗教文本凌驾于任何科学观察之上,但其他人,尤其是所谓的智能设计论(intelligent design)这一概念的支持者建议,可以通过建立实例来对抗进化论,如眼睛或细菌鞭毛的马达型机制。他们认为,由于鞭毛发展进程的中间阶段没有进化价值,因此不可能产生进化。这一论点认为,小规模的进化是可能的,但重大的变化或发展绝无可能。然而,这个论点是失败的,例如,在日益复杂的机制中,出现了各种类型的眼睛,或许是因为潜在的中间阶段有其他好处,或许是因为生物体的另一方面的发展非常突出,潜在的中间阶段的作用被压制了。

学科价值

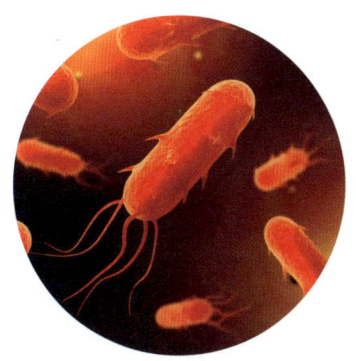

　　进化论是生物学的中心宗旨。在这一理论发展之前,有一点是有争议的,那就是生物学主要是一个观察和编目的学科,很少涉及科学。因此,物理学家欧内斯特·卢瑟福有一句广为流传的调侃:"所有的科学不是物理学就是集邮。"但是,进化论把生物学建立在一个结构化的科学基础上,就像所有优秀的科学理论一样,它为信息添加了解释。

进化论解释了我们和所有现存的有机体是如何拥有如今的多样性的。

　　进化论解释了我们和所有现存的有机体是如何拥有如今的多样性的。虽然遗传学需要有一个合适的机制来实现这一点(见下一节),但随着进化理论的建立,人们最终有可能理解整个生命的全貌。

　　进化论的学科价值还在于,它是逻辑战胜流行观点的标志。进化论反映了英国皇家学会的座右铭"Nullius in verba",意为"不随他人之言"。英国皇家学会是世界上最古老的科学学会之一,成立于1660年。如座右铭所言,我们的科学理论应该建立在证据的基础上,而不是被告知的想法上,而进化论正是完全基于证据而非流行观点的理论。

上页左图:眼睛进化的各个阶段和功能。
上页右图:细菌鞭毛令人赞叹的分子机械。
上图:细菌鞭毛。

未来发展

自然选择进化的基本要素永远无法反驳，因为它们是纯逻辑的。然而，在"不随他人之言"之后，科学家们的第二句座右铭应该是："一切比我们想象的还要复杂。"虽然自然选择的过程一直在发挥作用，但由于自然界的现实情况比较复杂，所以不得不加入其他因素。

达尔文自己加入了性选择（sexual selection）的概念，即物种的某种发育可能并不适合生存和捕猎，但可能对异性更有吸引力，所以能帮助物种更好地进行繁殖。雄性孔雀的尾巴就是一个明显的例子，它如此明显和笨拙，肯定不适合生存，但尾巴可以吸引雌性孔雀，有利于繁殖，因此出现在了进化中。

进化图景中不断增加新的因素，如表观遗传学扮演的角色——控制DNA运行及允许一些对父母产生影响的环境因素影响后代发育的机制的作用。

上图：雄性孔雀的尾巴增加了吸引力，反倒降低了存活率。

知识回顾

起源与发展	核心理论	求同存异	学科价值	未来发展
公元前5世纪 古希腊哲学家恩培多克勒指出，生物体会随着时间的推移而变化。 **公元前4世纪** 古希腊哲学家亚里士多德抵制物种变化理论。 **1794年** 英国医学家伊拉斯谟斯·达尔文提出，所有生命都可能起源于同一根原始"细丝"。 **1858年** 查尔斯·达尔文和华莱士发表了自然选择进化论。 **1859年** 达尔文出版了《物种起源》。 **1871年** 达尔文出版《人类的由来及性选择》。	自然选择进化论是一种**有逻辑的、有证据的理论**。 进化基于两个假设：**父母可以将特征传递给后代**；**更适应环境的生物更有可能繁殖并传递这些特征**。 小规模进化的经典例子是**达尔文雀**和**椒花蛾**。 每种**生物与其父本都是同一物种**。 由于**世代相传的微小变化不断累积**，因此最终出现了新物种。 人们**已经观察到新的物种**，所有已知的物种都有基因联系。	进化论的批评者经常对其进行抨击，因为它**与古老的宗教文献背道而驰**。这不是逻辑论证，不能对其进行科学处理。 一些对进化论持批评态度的人提出**智能设计论**，认为生物的某些特征不可能进化，因为其中间阶段没有价值。 这个论点在某些情况下是不成立的，因为**存在明确的具有价值的中间阶段的例子**（如眼睛）。 还有一些情况，智能设计论亦不成立，因为**中间阶段具有其他作用**，或者由于其他作用而被限制（如细菌鞭毛）。	进化论是**生物学的中心宗旨**，为信息增加解释。 进化论解释了物种的**起源和多样性**。 进化论是**基于证据的逻辑**对流行观点胜利。	进化的基本原理无法反驳，但它比最初想象的要**复杂得多**。 达尔文补充了**性选择**的概念，这会导致进化发生改变。 **新的因素**不断增加，如表观遗传学扮演的角色。

遗 传 学

思想概述

遗传学是第一门生物学，成功达到物理学多年来所取得的地位。

费奥多西·多布然斯基（Theodosius Dobzhansky），1962年

当达尔文提出进化论时，他在理解特征如何代代相传的过程中，缺少了一块关键拼图。当时人类已经迈出了遗传学的第一步，但这一步直到后来才被广泛知晓。

遗传学以DNA的功能为基础。DNA是一种极长的生物分子，用于储存生物体传给下一代的信息，并携带着创造基本生物分子（尤其是蛋白质）的指令。

尽管它们有时被描绘成这样，但DNA中的基因很少单独负责生物体的具体特征，这些特征通常基于多种不同基因的组合。

环境对个体的发展也有很大的影响，无论是在最简单的层面（如有足够营养），还是在更复杂的表观遗传学的影响方面（如环境因素可以导致不同基因的开启和关闭），都是正确的。

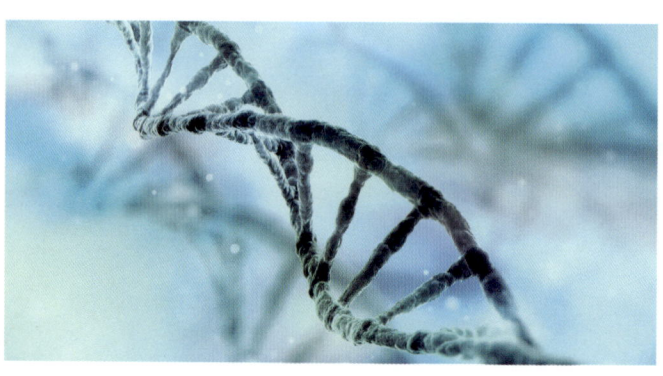

上图：DNA储存着代代相传的信息。
下页上图：孟德尔用豌豆做实验，以比较其遗传特性。
下页中图：格雷戈尔·孟德尔（1822—1884）。
下页下图：克里克和沃森最初创造的DNA双螺旋结构（部分）。

起源与发展

只要人类想知道为什么后代与父母相似，人类就会对遗传感兴趣——遗传学提供了支持这一过程的机制。

从19世纪50年代中期开始，奥地利神父格雷戈尔·孟德尔（Gregor Mendel）在10年的时间里，对豌豆进行了实验。他研究了豌豆的高度、颜色、种子形状等特征。他从研究结果中推断，来自雄性和雌性有机体的某些因素会影响下一代遗传结果，具体取决于该性状是否必须来自父母中的一方或双方。

这确立了过程，但没有建立机制。1878年，瑞士医生弗雷德里希·米歇尔（Friedrich Miescher）发现了后来被称为DNA的生物分子，但DNA的功能尚不清楚。1902年，美国医师沃尔特·萨顿（Walter Sutton）和德国生物学家西奥多·勃法瑞（Theodor Boveri）都将细胞中的大分子链（称为染色体）鉴定为可能的遗传载体。1922年，美国动物学家赫尔曼·马勒（Hermann Muller）发表了一篇题为《个体基因变化引起的变异》的论文。虽然不知道基因是什么，但马勒把基因描述为"超微观粒子"（ultramicroscopic particles），该粒子在决定细胞物质、结构和活性方面起着基础性作用。

基因革命

果蝇中的基因被鉴定为染色体的一部分，但马勒说："对基因的化学成分……仍然一无所知。"1943年，美国医学研究人员奥斯瓦尔德·埃弗里（Oswald Avery）在细菌实验中提出，DNA参与了生物体之间的信息传递——染色体被证明是单一的DNA分子。

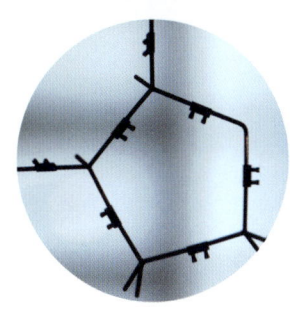

同样在1943年，奥地利量子力学家埃尔温·薛定谔在都柏林做了一系列演讲，并于1944年出版了《生命是什么？》一书。薛定谔提出，遗传机制建于他所谓的不规律晶体（aperiodic crystal）之上。这种物质不具有典型晶体的规则结构，但可以沿其长度储存信息——这是对DNA的完美描述。

1953年，詹姆斯·沃森（James Watson）、弗朗西斯·克里克（Frances Crick）、罗莎琳德·富兰克林（Rosalind Franklin）和莫里斯·威尔金斯（Maurice Wilkins）在剑桥发现了DNA的结构，这是奠定遗传学基础的最后一个环节。随后在20世纪60年代初，人们发现了用于编码构建蛋白质的不同氨基酸的机制。

核心理论

DNA、基因和特征

几乎所有生物的细胞都含有被称为DNA（脱氧核糖核酸）的化学分子。DNA不是单一的物质，而是一个近乎无限变化的序列。DNA由两条螺旋状的糖链组成，糖链由被称为碱基对（base pairs）的原子群以固定的间隔连接在一起。整体看来，DNA像一个螺旋楼梯，碱基对则是楼梯的踏板。

活细胞中通常含有若干条被称为染色体的DNA链，每条链都是一个DNA分子。链中的碱基对实际上是一个信息储存库，每对碱基都基于4种不同的化合物：胞嘧啶（C）、鸟嘌呤（G）、腺嘌呤（A）和胸腺嘧啶（T）。实际上，这4种化合物就是构成遗传密码的"字母"。DNA结构的精妙之处在于，它有一个内置的机制来复制信息。

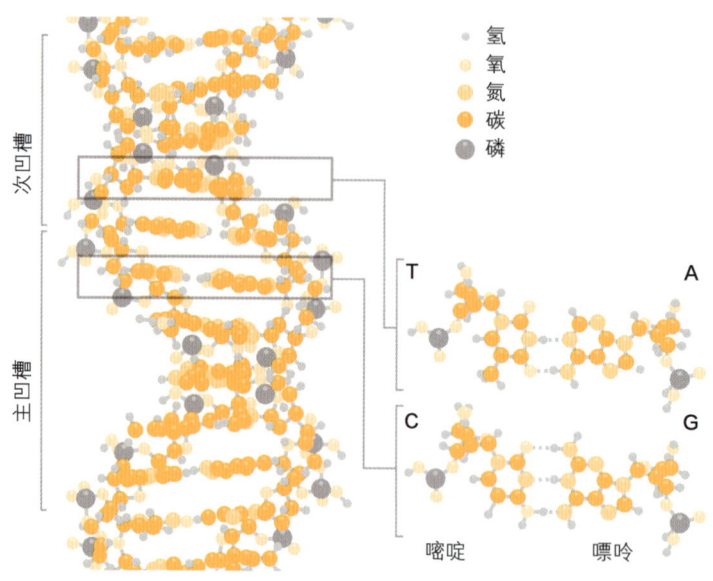

每个碱基对由两种化合物组成，它们总是以相同的方式配对：胞嘧啶与鸟嘌呤配对，腺嘌呤与胸腺嘧啶配对。因此，可以把一条DNA链解开，从每个碱基对的中间将其一分为二。由于有了这种标准的配对方式，所以如果我们知道一条链上存在哪一个碱基，我们就可以据此建立一条新的链。

DNA中储存的主要遗传信息是以基因的形式存在的，基因即"密码子"（condon）的集合。密码子携带着构建20种氨基酸之一的密码，而氨基酸是生命的基本组成部分。然而，人们还无法观察一段DNA并看到基因。构成基因的"密码子"与其他信息交错在一起，因此读取DNA的细胞机制必须先将信息的各个部分切割，并将相关部分重新拼接，然后再采取行动。

就人类的DNA而言，只有2%左右形成了基因。其余的大部分DNA曾经被贴上"垃圾"（junk）的标签，但现在人们已经知道，大部分DNA负责控制基因开启和关闭的方式，构成了生命更大的"程序"的一部分。

某些生命形式是通过细胞分裂进行繁殖的，所以产生的后代具有几乎相同的基因。但大多数生物是有性繁殖的，子代的基因是由父母双方的"成分"混合而成的。有性繁殖是一个有价值的过程，因为它提供了通过自然选择进行进化所必需的个体之间的差异。

基因转移

当生物体确实通过细胞分裂繁殖时，它们往往会利用另一种方法来确保个体之间仍然存在差异。比如，细菌采用了一种被称为水平基因转移的方法，基因可以在个体之间进行交换。同时，这就是为什么细菌能够传递抗生素耐药性，这种耐药性会在一个生物体中形成突变，随后传递给其他生物体。

突变是遗传学的一个重要因素。突变是指后代的一个或多个基因与父母所传的基因不同。最常见的原因有：复制基因的机制出现复制错误，或者辐射导致DNA分子发生变化。例如，每个人通常会有几百万个微小的突变，其中大多数不会有任何影响，但有一些可能被证明是有益的或有问题的。

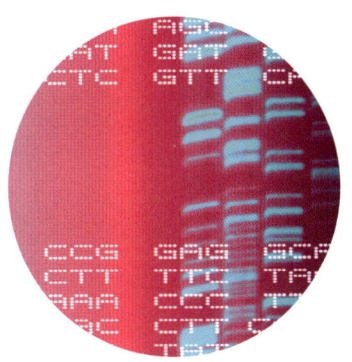

证　据

遗传理论的证据最初是由不同特征的传递方式推论得出的，但随着时间的推移，我们已经发展出了更好的机制来检查和比较DNA，并观察细胞的分子机械的运作方式。

上页图：DNA的双螺旋结构。

上图：密码子携带着遗传密码。

求同存异

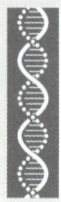

> 从某种意义上说，遗传学从小就是孤儿。起初，植物学家和动物学家对它漠不关心，有时甚至对它怀有敌意。
>
> 乔治·韦尔斯·比德尔（George Wells Beadle），1958年

科学史家托马斯·库恩（Thomas Kuhn）描述了范式转移（paradigm shift）的概念，即对某一科学领域的看法发生了根本性的变化，而不是通常的小幅度变化。遗传学对于生物学来说就是这样一种转变，它颠覆了整个生物学，将一切归因于DNA分子及其结构。英国动物学家理查德·道金斯（Richard Dawkins）的名著《自私的基因》（The Selfish Gene）就是这一观点的典型代表。

科学革命总是这样，有些人被抛在后面，还有些人反对新事物，他们往往并不理解新事物。除了对这一机制本身的批评，许多反对意见是因滥用遗传学理论和实践而引起的。

优 生 学

该理论问题源于达尔文的表弟、英国博学家弗朗西斯·高尔顿（Francis Galton）的研究。高尔顿在19世纪80年代提出了"优生学"（eugenics）一词，以描述利用遗传信息培育"较好"的人类或防止"较差"的人类繁殖。

真正的问题来自基因改造。我们现在创造出不同的机制，如用CRISPR技术来修改DNA。人们对转基因的处理相当谨慎，特别是针对动物使用时。转基因技术引起了人们的批评，如欧盟严禁转基因生物。

上图：弗朗西斯·高尔顿（1822—1911）。
下页图：人类基因组图谱的一部分。

学科价值

遗传学解释了生物体的生物化学如何塑造其本质——如果说进化论是生物学的第一个真正科学的方面，那么遗传学就为生物学提供了机制。

遗传学的学科价值如何强调都不为过，尽管这可能导致误解。当人类基因组图谱——一份近乎完整的人类基因列表（实际上是来自多个人群的基因组合）首次发表时，人们对可能实现的能力感到兴奋不已，如开发针对个人基因的靶向药物，或提供基因疗法来治疗疾病，但事实证明，它们比最初想象的要复杂得多。

一个主要问题是基因和特定结果之间关系的复杂性。

一个主要问题是基因和特定结果之间关系的复杂性。虽然有一些特征（如红头发）和疾病情况（如囊性纤维化）与单一基因有关，但更多的时候是多种基因之间的相互作用导致了特定的结果。这丝毫没有剥夺遗传学的优势，它仍然是遗传特征在代际间传递的基本信息机制，决定着所有生物的结构及至少一半的人类行为。就像计算机使用由0和1组成的二进制代码一样，DNA是生物之间以碱基对形式共享信息的"四进制代码"。

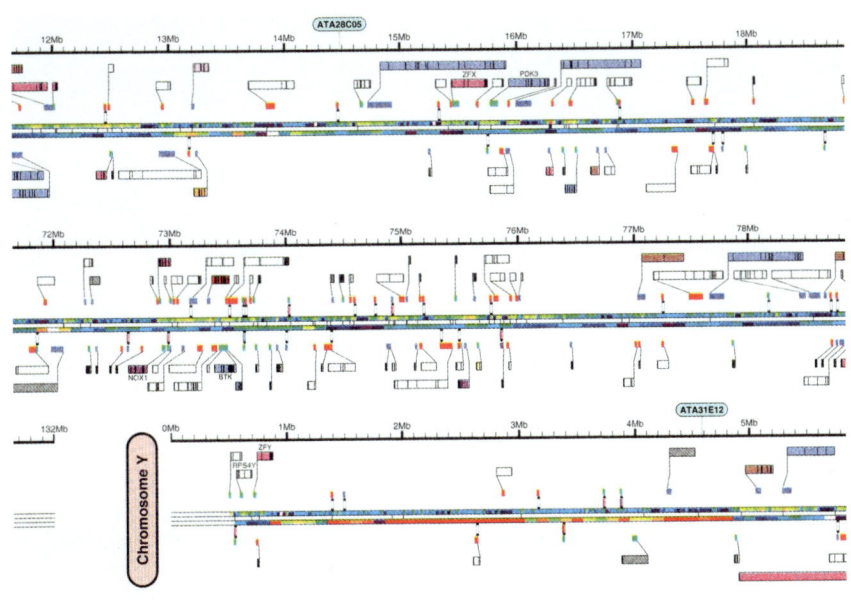

未来发展

遗传学的基础知识已经得到很好的理解，但更广泛的表观遗传学还相对较新，还在继续发展。

虽然基因与氨基酸（用于构建蛋白质）的生产有明确的联系，这些基因的功能有助于定义特定生物体的许多特征，但表观遗传学研究的是发生在基因之外的机制。基因的控制机制在不编码基因的DNA中——就人类而言，98%的DNA是非编码的。例如，这可能包括甲基化的机制，即在DNA中加入小的原子团，导致特定的基因在不同的时间被开启和关闭。

由于表观遗传学并不"锁定"基因，而是可以在生物体的一生中不断变化，因此环境可以直接影响表观遗传学的内容。

多基因评分

最前沿的研究是多基因或多基因遗传。行为遗传学家迅速认识到，人类的差异不可能是单一基因带来的结果——它们通常是由多个基因引起的。虽然每个基因的影响都很小，但是当在不同人群中观察时，甚至在个体水平上观察时，这些基因会共同导致统计上的显著差异。这门学科还处于起步阶段，但"多基因评分"已经可以预测从体重到学习成绩甚至是看电视的倾向等多种特征。

虽然基因与健康之间的关系复杂，基于基因的定制用药的前景最初被过度放大，但是我们仍然可以期待在未来看到分子生物学的重大发展。

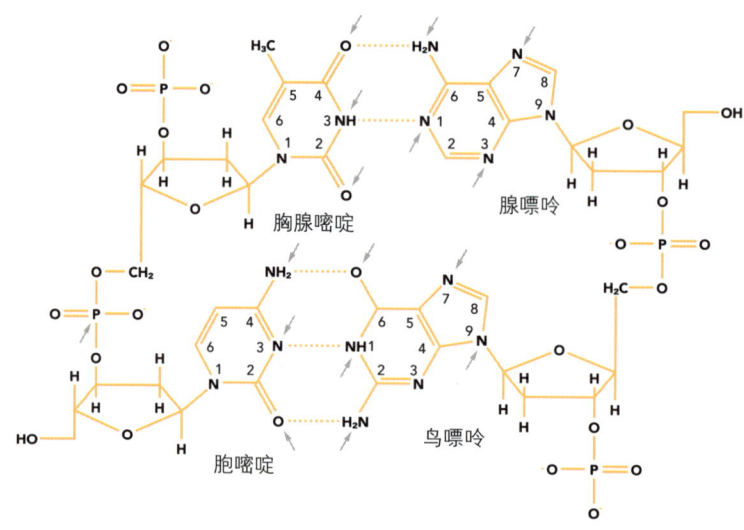

上图： DNA上可以添加原子团的甲基化位点。

知识回顾

起源与发展	核心理论	求同存异	学科价值	未来发展
19世纪50年代 孟德尔对豌豆的育种进行了实验，并推断出有代代相传的因素存在。	几乎所有的生物细胞都含有DNA，DNA是一种复杂的分子，其结构中包含信息。	遗传学颠覆了生物学，也导致了一些自然的抵制。	遗传学解释了**生物体的生物化学如何塑造其本质**。	遗传学的基础知识已经得到很好的理解，但关于表观遗传学还有**很多东西需要学习**。
1878年 弗雷德里希·米歇尔发现了DNA。	DNA中的信息储存在胞嘧啶、鸟嘌呤、腺嘌呤和胸腺嘧啶的**碱基对**中。	有人批评优生学在理论上<u>滥用遗传学</u>。	**人类基因组图谱**的发表引起了对**基因定制药物和基因治疗**的大量宣传。这并非没有价值，但实现起来相当困难。	尽管基于基因的定制用药的前景最初被过度放大，但我们仍然可以**期待在未来看到分子生物学的重大发展**。
1902年 沃尔特·萨顿和西奥多·勃法瑞分别将染色体确定为传递遗传信息的可能载体。	DNA有一个内置的机制来复制信息。	相比之下，基因改造是一门很好的科学，比如，可以用CRISPR技术来编辑DNA。但是，人们对转基因技术持批评态度，许多国家严禁转基因生物。	遗传学仍然是**遗传特征转移的基本信息机制**。	**多基因评分**是行为遗传学的最前沿研究。使该学科超越了单基因因果关系的简单概念。
1922年 赫尔曼·马勒描述了"个体基因变化引起的变异"。	DNA中的主要**信息以基因的形式出现**。			
1943年 奥斯瓦尔德·埃弗里提出DNA是携带信息的分子。埃尔温·薛定谔预测存在一种非规则晶体发挥这一作用。	在有性繁殖中，**后代的基因是由来自父母的"成分"混合而成的**，从而产生了个体差异。		就像计算机使用由0和1组成的二进制代码一样，DNA是**生物之间**以碱基对的形式共享信息的**"四进制代码"**。	
1953年 詹姆斯·沃森、弗朗西斯·克里克、罗莎琳德·富兰克林和莫里斯·威尔金斯发现了DNA的结构。	**在突变中，后代的基因的遗传形式发生变化**，这通常是由复制错误或辐射造成的。			

简单的生命形式

思想概述

> 无论文明生活如何安全和受到良好管制,细菌、原虫、病毒、跳蚤、虱子、蜱虫、蚊子和臭虫将永远潜伏在阴影中。
>
> 汉斯·津瑟(Hans Zinsser),1934年

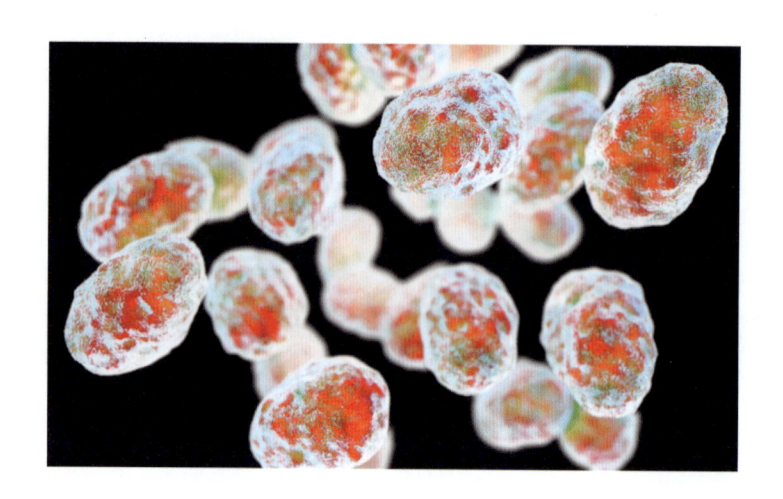

生命似乎最早出现在大约40亿年前的地球上,并且在那个时期的前半段,生物是被称为原核生物的简单单细胞生物形式:细菌和古菌。

虽然后来真核生物加入了它们的行列——真核生物是可以拥有一个或多个细胞、结构明显更复杂的生物(包括最终的人类),但这并不意味着原核生物失去了控制。它们在数量上仍然占据绝对优势。举一个简单的例子,据估计,人体内的原核生物数量和细胞数量一样多,大概有30万亿个。我们也太寡不敌众了。

尽管对于病毒是否具有生命仍有争议,但它们的存在绝不能被忽视,比起其他星球,地球更适合它们生存。病毒的确切起源尚不清楚,但有证据表明,病毒早于所有生物最后的共同祖先,因此肯定可以追溯到20多亿年前,很可能与最早的生命形式一起存在。我们通常认为病毒攻击的

是动物，但其实大多数病毒攻击的是细菌和古菌。可见，生命出现之初，掠夺和攻击就已存在。

起源与发展

自古以来，人们就在推测微小的、看不见的生命形式的存在，但直到17世纪中叶才出现了科学证据。1658年，德国博物学家阿塔纳修斯·基歇尔（Athanasius Kircher）在感染鼠疫的病人的血液中观察到了他所描述的"极微生物"（animalcules）。不过有人怀疑，他的简易显微镜没有足够的放大倍数，看不到造成鼠疫的相对较小的鼠疫杆菌，因此他看到的很可能是血细胞。

更确定的是，荷兰贸易商安东尼·范·列文虎克（Antonie van Leeuwenhoek）在发现多种微生物的几年之后，于1683年发现了更大的月形单胞菌。虽然当时复式显微镜已经问世几十年了，但列文虎克使用的是一种极其简单的单透镜显微镜。19世纪70年代，德国生物学家费迪南德·科恩（Ferdinand Cohn）对细菌进行了分类。另一类原核生物——古菌，最初被认为是细菌的一种，但当人们实现在基因水平上对它们进行研究时，古菌被证明更类似于真核细胞（虽然没有细胞核），而不是细菌。因此，古菌在1977年被分离为一个完全独立的领域。

病　毒

病毒的发现要比细菌晚得多，因为它们大多非常微小，尽管我们现在知道存在一些异常大的病毒。病毒不同于所有其他形式的生命，因为它们没有繁殖的手段，而是劫持宿主的细胞繁殖机制，并在这个过程中破坏宿主细胞。在病毒被发现之前，人们就已经推测出了病毒的存在。

很难确定病毒的第一位发现者，最有可能的是荷兰化学家马丁努斯·拜耶林克（Martinus Beijerinck），他于1898年在阿道夫·梅耶（Adolf Mayer）和德米特里·伊凡诺夫斯基（Dmitri Ivanowsky）的研究的基础上，首次明确表明了病毒的存在。而噬菌体（攻击细菌的病毒）是1915年由英国细菌学家弗雷德里克·图尔特（Frederick Twort）首次发现的。

上页图：土拉菌病（兔热病）的病原体土拉热杆菌。
上图：马丁努斯·拜耶林克（1851—1931）。
下图：列文虎克使用的显微镜的复制品。

核心理论

微生物、细胞和（无）细胞核

> 病毒可以按照较简单的原则进行分析和部分理解，但它们也呈现出另一个层次的复杂性：病毒是活的化学物质。
>
> 艾莉森·乔利（Alison Jolly），1985年

细菌和古菌是单细胞生物，被称为原核生物。它们实际上是由细胞壁形成的一个囊，里面包含化学物质、DNA和分子机械。与另一种主要的生物类型——真核生物不同的是，原核生物没有细胞核。细胞核是细胞的内部区域，被一层包含真核生物绝大部分DNA的膜隔开。由于缺乏细胞核，原核生物的DNA存在于主细胞膜内。单个原核染色体不是缠绕在被称为组蛋白的结构（如真核生物的染色体）上，而是缠结在一起，通常呈圆形。

原核生物通过二分裂进行无性繁殖：一个细胞分裂成两个完全相同的细胞。这个过程首先分裂DNA并构建两个完整的备份：两条染色体分别移动到细胞的两端，然后细胞从中间分裂。如上所述，虽然无性生殖的基本手段不能像有性生殖那样混合遗传物质，但基因可通过横向转移机制从一个有机体传递到另一个有机体。

推进方法

许多细菌和古菌具有被称为鞭毛（flagellum）的外部结构。鞭毛主要是一种推进工具。鞭毛像一个小螺旋桨一样不停旋转。值得注意的是，为了给鞭毛提供动力，原核生物有一个旋转的分子马达。分子马达由带正电荷的质子的运动提供电化学动力，通常旋转速度可达1000转/分。大多数原核生物的直径在500～5000纳米（1纳米是1米的10亿分之一）。原核生物绝不可能都是病原体。致病的原核生物通过直接攻击宿主细胞、产生毒素或引起过度的免疫反应而造成损害。而益生菌存在于人体各个部位，尤其是肠道中，它们帮助分解难以消化的物质。

尽管原核生物具有多种形状和大小，但它们的变异性远小于病毒，后者可能具有怪异的形状，从类似于月球着陆器的噬菌体，到看起来像有尖刺的水雷的轮状病毒。尽管有些人仍然认为病毒不具有生命，但它们具有生物体的许多特征，如基因和通过自然选

神经氨酸酶（NA）

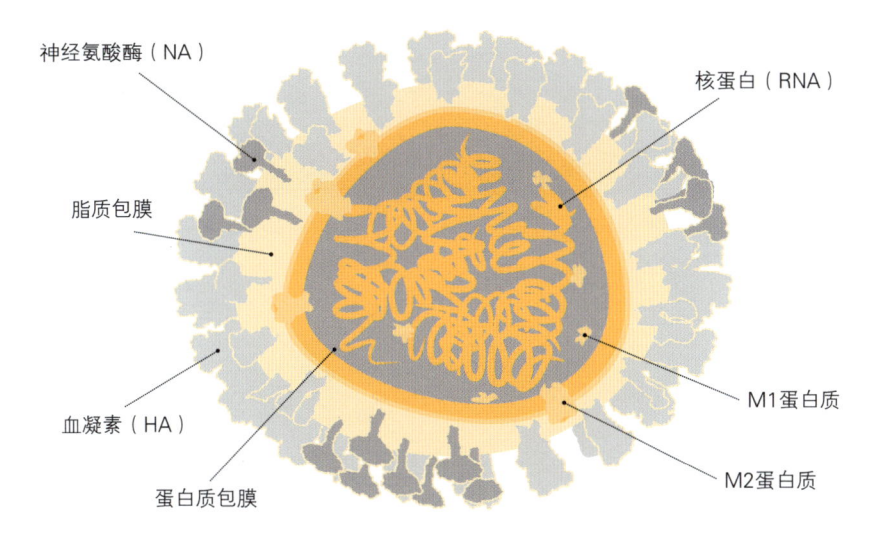

核蛋白（RNA）

脂质包膜

M1蛋白质

M2蛋白质

血凝素（HA）

蛋白质包膜

择进化的能力。然而，它们没有细胞壁，而是具有一种基于蛋白质外壳的结构，我们称之为衣壳（capsid），它们必须利用原核细胞或真核细胞的机制进行繁殖。

病毒传播

病毒通过组装自身的副本进行繁殖。它们比原核生物小得多（通常大小为20～300纳米）。不过有一种攻击变形虫的病毒——拟菌病毒（mimivirus），直径约为400纳米，接近细菌大小，首次发现时被误认为是细菌。

尽管某些病毒（尤其是噬菌体）具有DNA形式的基因，但更多病毒具有的是被称为RNA（核糖核酸）的相关结构。与DNA的双螺旋不同，RNA通常是单链的，并且使用一种不同的碱基（尿嘧啶，而不是胸腺嘧啶）。RNA在所有生物中都有重要的功能，因为它从DNA上读取信息，并指定氨基酸以构建蛋白质。

证 据

随着研究微小结构的发明（从显微镜到电子显微镜，再到X射线衍射和复杂的扫描仪）的发展，我们对原核细胞和病毒结构的了解也在不断增长。在某种程度上，物种之间的关系源于对不同生物体中DNA或RNA平行片段的追踪。

上页上图：典型的原核生物结构。
上页下图：古菌形成的菌落丛。
上图：流感病毒结构。

求同存异

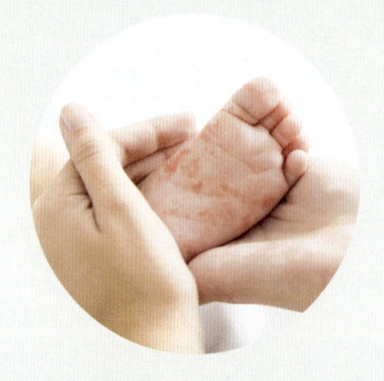

对细菌和病毒科学最广泛的批评往往来自"反疫苗接种"运动或"反疫苗接种者",他们认为疫苗(激发人体免疫系统抵御攻击)是不安全的。他们声称疫苗会给个体造成一系列问题,包括诱发自闭症、削弱免疫系统等。

MMR丑闻

关于这种恶意影响最著名的事件是,医学家安德鲁·韦克菲尔德(Andrew Wakefield)成功地说服了大批家长,使他们相信接种MMR疫苗(麻疹、腮腺炎和风疹三联疫苗)会导致儿童自闭症——这一说法缺乏证据,并已被大规模试验推翻。由于随后的媒体恐慌,以及一些名人和社交媒体人员对反疫苗运动的支持,欧洲和美国的大批父母阻止他们的孩子接种MMR疫苗,使MMR疫苗接种数量降到"群体免疫"水平以下。"群体免疫"是指有足够比例的人口受到保护以防止疾病传播。其结果是儿童麻疹反复暴发,导致了严重的病例和死亡。

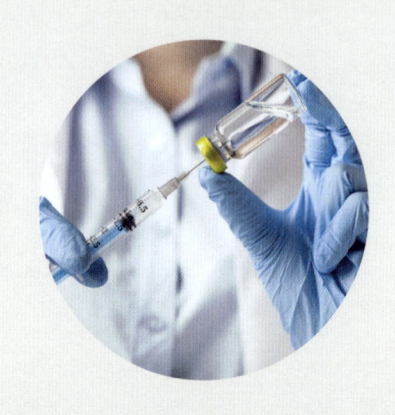

学科价值

原核生物和病毒非常重要，有两个原因。这些简单的生物体是地球上最初20亿年里仅有的生命形式，所有的生命（包括最终的人类）都是由早期的细菌、古菌或两者的结合演化而来的。这些生物体代表了地球生命的开始——这是一项极其重要的科学发展。

另一个更为"自私"的意义是它们对人类生活的影响。有益菌对我们消化系统的有效运作至关重要，而致病菌则是导致各种疾病的罪魁祸首，这些疾病包括肺结核、肺炎、破伤风、伤寒、白喉和一系列细菌性食物中毒。

病毒也是造成许多疾病的原因，从相对温和的疾病（如普通感冒等），到可能威胁生命的疾病，如艾滋病、狂犬病等。

与细菌一样，从人类的角度来看，病毒也有其积极的一面。绝大多数病毒会攻击细菌。此类噬菌体在早期被认为是细菌感染的潜在治疗方法，但随着抗生素的发现，这种方法已被摒弃。然而到了21世纪，随着一些危险细菌对抗生素产生耐药性（也就是说，它们几乎不可能再被抗生素消灭），人们又开始关注利用噬菌体的医疗效益的可能性。

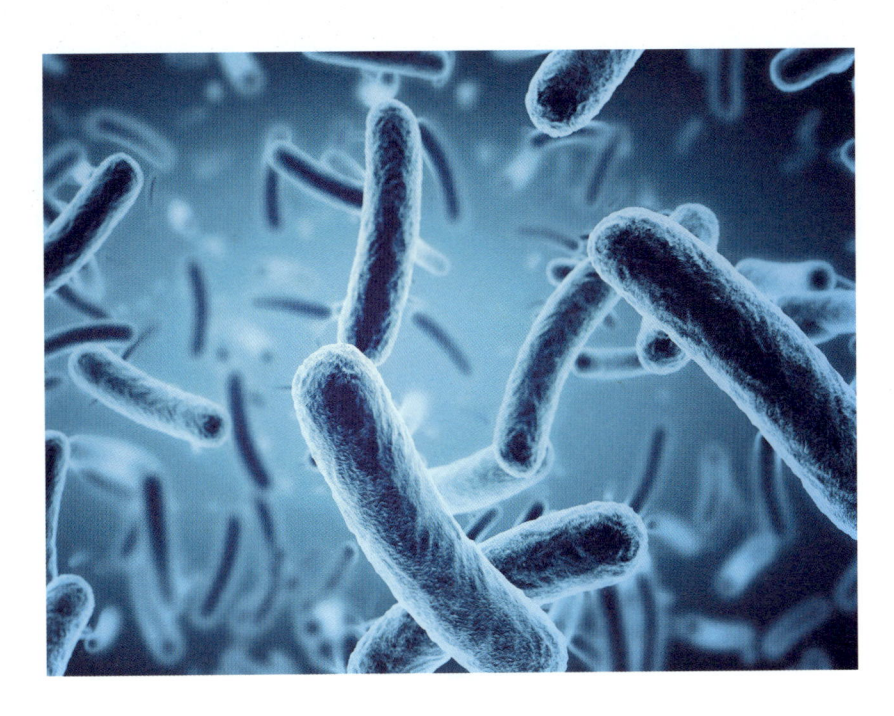

上页上图：麻疹。
上页下图：疫苗接种不足导致"群体免疫"丧失。
上图：细菌，无论是有益的还是致病的，都大量存在。

未来发展

许多关于细菌和病毒的研究都离不开医学,以寻找降低病原体影响的方法。在人们试图控制细菌,以及对噬菌体越来越重视的时候,开发新型抗生素的努力也一直存在。几十年来,这项研究一直停滞不前,因为相比于研究新药所需的巨额投资,制药公司的经济回报十分有限。

然而,在2020年,人们成功开发出一种使用人工智能的新方法,以承担在数百万个化学结构中搜索的任务——找出那些可能以新方式攻击细菌的化学结构。这已经促使一种强大的新抗生素的产生,还有更多的抗生素可以通过这种方式被发现。

病毒对抗生素不敏感,因此未来的两条主线是开发新疫苗,刺激人体的免疫系统,使其抵抗某种特定的病毒,以及生产新的抗病毒药物,以防止病毒在人体内发展。

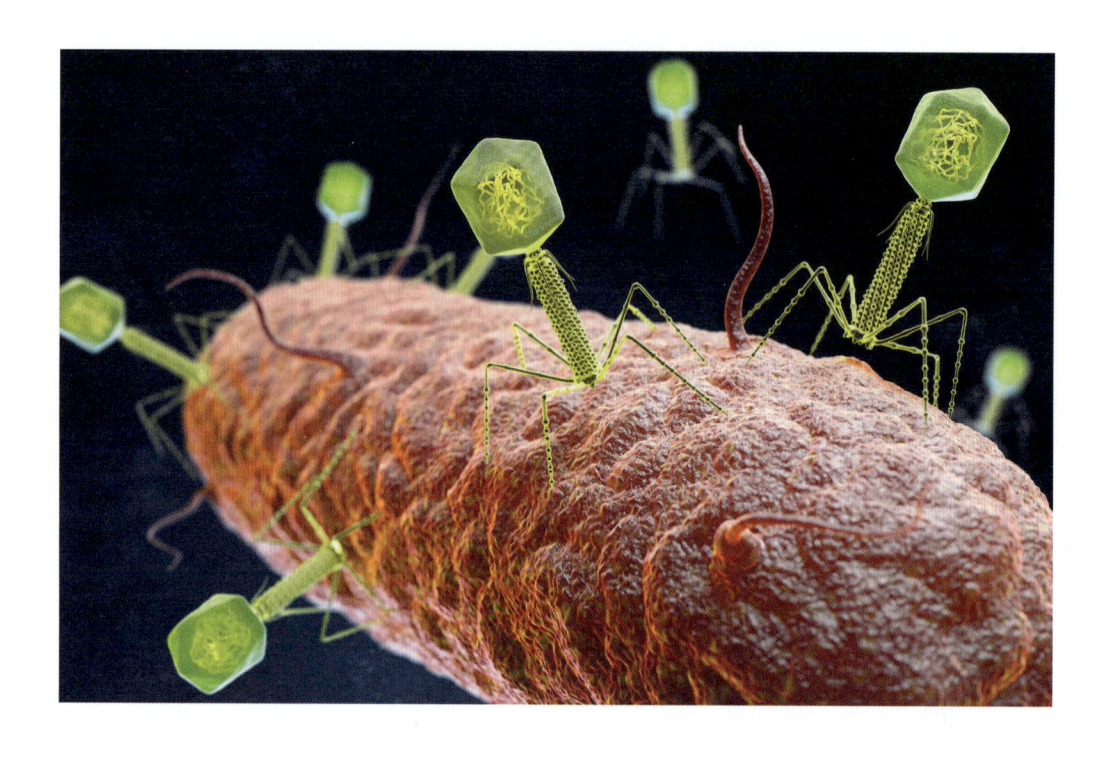

上图: 攻击细菌的病毒也许能替代某些失效的抗生素。

知识回顾

起源与发展	核心理论	求同存异	学科价值	未来发展
1658年 阿塔纳修斯·基歇尔在鼠疫病人的血液中观察到"极微生物",但他观察到的很可能只是血细胞。	细菌和古菌是**原核生物**,是没有细胞核的单细胞生物。	对细菌和病毒科学最广泛的批评来自**反疫苗运动**。	这些简单的生物体是地球最初**20亿年里仅有的生命形式**,是我们遥远的祖先。	经过多年的停滞,**人工智能开始被用来帮助开发新的抗生素**。
1683年 安东尼·范·列文虎克发现了月形单胞菌。	原核生物的DNA通常存在于一条**单一、缠结、圆形的**染色体中。	反疫苗主义者认为**疫苗是不安全的**,比如可能导致儿童患上自闭症。	了解这些生物体**可能带来的益处和导致的疾病**,对人类的健康极为重要。	**噬菌体**在医学上的**应用越来越广泛**。人类仍将需要**新的疫苗和抗病毒药物**。
19世纪70年代 费迪南德·科恩对细菌进行了分类。	原核生物通过二分裂进行**无性繁殖**。	安德鲁·韦克菲尔德**说服了许多父母使他们相信,MMR疫苗会导致自闭症**。	**一些细菌是有益的**,有助于我们的消化系统健康运作。	
1898年 马丁努斯·拜耶林克明确了病毒的存在。	许多原核生物具有**螺旋桨状的鞭毛**,由分子马达驱动。	结果造成**一些国家对麻疹不再有"群体免疫"**,导致出现严重的疾病和死亡。	**有些病毒(噬菌体)攻击细菌**,并可能有助于解决细菌的抗生素耐药性问题。	
1915年 弗雷德里克·图尔特发现了噬菌体。	原核生物的直径通常为**500~5000纳米**,而病毒的直径通常为**20~300纳米**。			
1977年 古菌从细菌中分离出来,成为一个独立的生命领域。	病毒**利用宿主细胞的机制进行繁殖**,病毒的繁殖是复制而不是分裂。			
	虽然有些病毒具有DNA,但**大多数病毒的基因是以RNA的形式存在的**。			

复杂的生命形式

思想概述

> 因此，一个真核细胞可以被当成一个帝国，由细胞核中的独立染色体组成的共和国指挥。
>
> 冈瑟·斯坦特（Gunther Stent），1971年

如我们所见，生物体主要分为基于原核细胞和真核细胞的两大类。真核生物的细胞更为复杂，其细胞核被膜包围，膜中含有染色体和细胞核外的一系列其他结构，包括被称为线粒体的"动力源"单元。

真核生物的形态变化要大得多，从变形虫、草履虫等单细胞生物到人类。真核生物大致分为四到五个"王国"。最容易分辨的三种是动物、植物和真菌。其余的则被归为原生动物，或被分为色藻界（具有被称为质体的结构，利用叶绿素从光中产生能量，或具有被称为纤毛的特定类型的毛状运动结构）和单细胞动物，其中包括变形虫和疟原虫。

"真核生物"（eukaryote）一词来源于希腊语，意为"真正的核心"，就是指其细胞核；"原核生物"（prokaryote）一词，也源于希腊语，意为"核心之前"。

起源与发展

有了显微镜以后我们才知道原核生物的存在，而我们一直都知道真核生物，它们构成了地球上我们所熟悉的动物、植物和真菌（包括人类自己）。由于真核细胞比原核生物大得多——通常是原核生物的20倍左右，所以它们的发现花费的时间更少，尽管它们的细胞的细节也大多需要显微镜才能观察到。

英国科学家罗伯特·胡克（Robert Hooke）在1666年出版的《显微图谱》（*Micrographia*）一书中提出了"细胞"（cell）一词，该词源于修道院小间（monastic cells）。

之后，人们陆续鉴定出真核细胞的不同成分。范·列文虎克可能在18世纪早期就已发现细胞核。1831年，苏格兰植物学家罗伯特·布朗（Robert Brown）对细胞核进行了更为清晰的描述。到19世纪60年代，已经有人提出染色体的存在。1890年，德国病理学家理查德·阿尔特曼（Richard Altmann）发现了线粒体，而对线粒体功能的逐步认识则是在1925—1948年发展形成的。

> 罗伯特·胡克在1666年出版的《显微图谱》一书中提出了"细胞"（cell）一词，该词源于修道院小间（monastic cells）。

真核生物和原核生物的具体区分是由法国生物学家埃德·查顿（Édouard Chatton）于1925年提出，并由加拿大生物学家罗杰·斯塔尼尔（Roger Stanier）和荷兰裔美国生物学家科尼利厄斯·范尼尔（Cornelius van Niel）于1962年共同发展起来的。

美国生物学家琳·马古利斯（Lynn Margulis）在1966年提出线粒体曾是独立细菌，不过该观点直到20世纪80年代才被广泛接受。1977年，真核生物的最后一块重要拼图添加完成，"古细菌"[archaebacteria，后来更名为古菌（archaea）]与细菌分离开来，成为一个独立的生命领域。现在人们普遍认为，早期的真核生物是由古菌吸收细菌形成复合生物体而形成的。

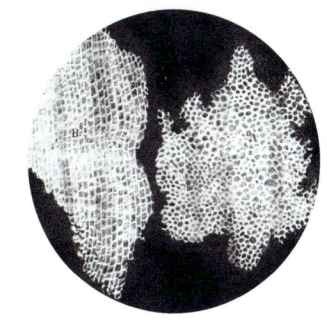

上页图：真核生物包括霉菌（属于真菌界）。
上图：琳·马古利斯（1938—2011）。
下图：胡克的软木细胞图。

核心理论

细胞、细胞核及更多

> 细胞核负责性状的遗传,而周围的细胞质则负责适应环境。
>
> 恩斯特·海克尔(Ernst Haeckel),1866年

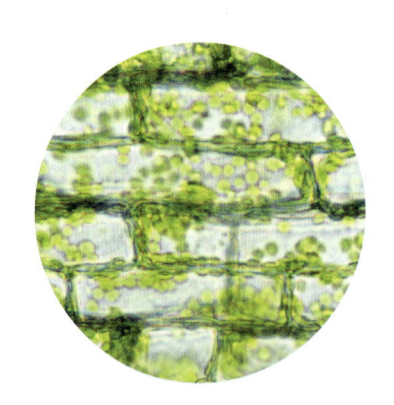

真核细胞的字面定义是具有细胞核的细胞。需要注意的是,这里指的是典型的真核生物的细胞,而有些细胞(如红细胞),可能不含有细胞核。

如我们所见,真核细胞往往还包含其他较小的结构,即所谓的细胞器。最著名的细胞器为线粒体,它负责使来自食物的燃料分子与红细胞输送的氧气发生反应。线粒体产生一种被称为三磷酸腺苷(ATP)的分子,它能储存能量并将能量运输到身体需要的地方。这是一个非常繁忙的系统,人类每天要产生约为自身体重的ATP。

光合作用

在植物、藻类等的细胞中,另一种常见的细胞器是叶绿体,光合作用在叶绿体内进行。这些微小的结构(在一个植物细胞中可能有多达100个)包含着极其复杂的分子结构来进行光合作用,光合作用可以说是地球上大多数生命的动力源。大多数生物体要么直接摄取太阳能,要么通过食用通过光合作用摄取能量的生物体来获取能量。

在光合作用过程中,光子提供能量来增强叶绿素分子中电子的能量。在量子过程中,这种能量从一个分子传递到另一个分子,直到到达叶绿体的一部分——光合反应中心。在那里,能量参

与一系列过程，包括已知最快的化学反应。

众所周知，动物细胞和植物细胞之间存在显著的差异。虽然所有的真核细胞都有一层外膜，但植物细胞的膜外有一层细胞壁，其中含有结构化的碳水化合物链纤维素，这使植物具有刚性。而动物细胞没有那么坚硬，它们可以改变形状，白细胞等细胞甚至可以吞噬其他物质。

与原核生物不同的是，大多数真核生物进行有性繁殖，使亲本的基因混合从而产生变异。虽然绝大多数基因存在于细胞核的染色体中，但也有少数基因存在于线粒体中，被认为是线粒体发展而来的细菌的DNA残余。该线粒体DNA的独特之处在于，它只源于雌性亲本。

丰富的物种

尽管原核生物的种类和病毒的类型很多，但真核生物的多样性要更加丰富，尤其是真核生物能够形成我们熟知的动物、植物和真菌等多细胞生物。据估计，有大约870万种真核生物，尽管这个数字具有很大的猜测成分。得益于动物界昆虫和其他无脊椎动物的多样性，动物在真核生物中占主导地位，大约有780万种，真菌约有60万种，植物约有30万种。人们认为，大约70%的植物已经被记载，但只有12%的动物和7%的真菌被记载。

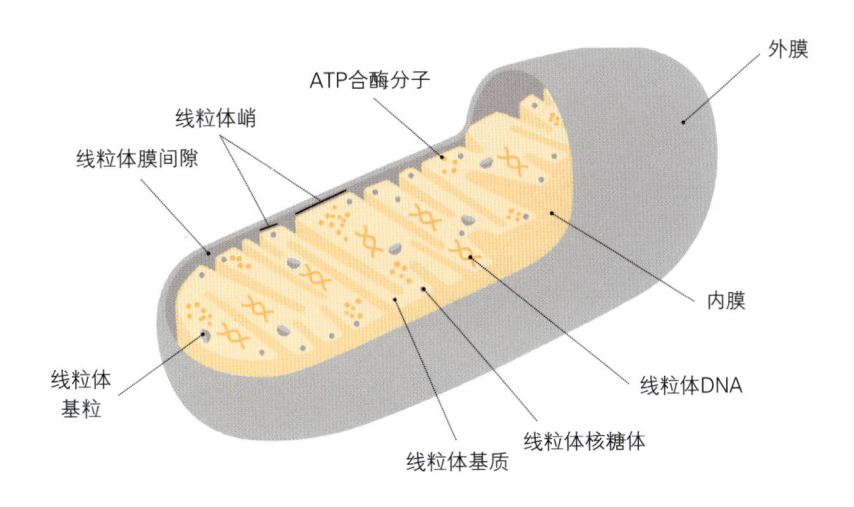

证 据

真核生物的性质及结构的证据与原核生物和病毒的相同。关于真核生物的溯源主要依靠化石和追踪共享DNA的变化。动物学、自然史和植物学为特定真核生物的性质提供了大量证据。

上页图：植物细胞中有大量绿色的小叶绿体。
上图：典型的线粒体结构。

求同存异

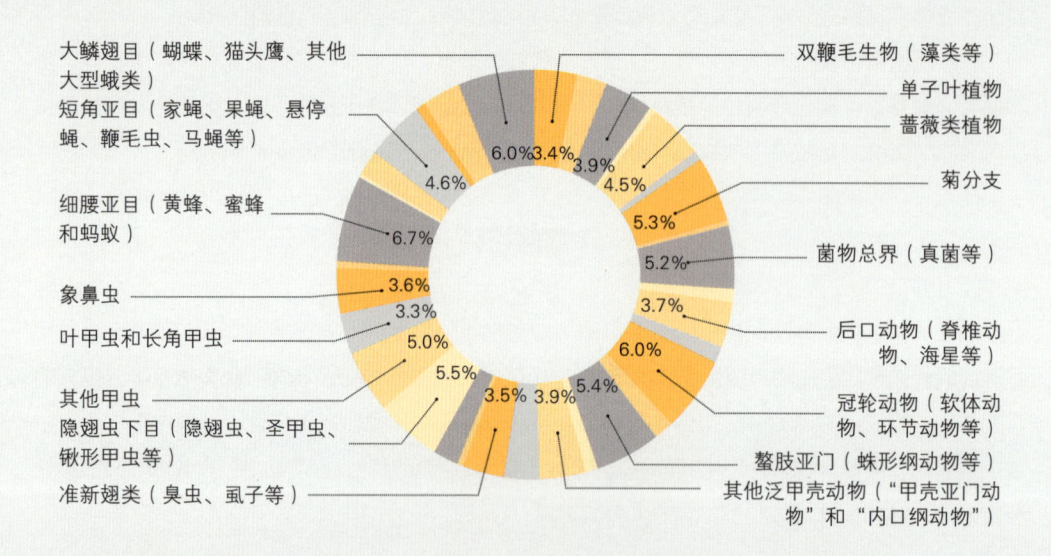

大鳞翅目（蝴蝶、猫头鹰、其他大型蛾类）
短角亚目（家蝇、果蝇、悬停蝇、鞭毛虫、马蝇等）
细腰亚目（黄蜂、蜜蜂和蚂蚁）
象鼻虫
叶甲虫和长角甲虫
其他甲虫
隐翅虫下目（隐翅虫、圣甲虫、锹形甲虫等）
准新翅类（臭虫、虱子等）

双鞭毛生物（藻类等）
单子叶植物
蔷薇类植物
菊分支
菌物总界（真菌等）
后口动物（脊椎动物、海星等）
冠轮动物（软体动物、环节动物等）
螯肢亚门（蛛形纲动物等）
其他泛甲壳动物（"甲壳亚门动物"和"内口纲动物"）

6.0% 3.4% 3.9% 4.5% 5.3% 5.2% 3.7% 6.0% 5.4% 3.9% 3.5% 5.5% 5.0% 3.3% 3.6% 6.7% 4.6%

该领域的许多争议集中在如何划分真核生物，以及真核生物复杂的演变方式上。

将真核生物界划分为动物、植物和真菌，在很大程度上是没有争议的，但是与粒子物理学的标准模型相比，对于真核生物的其他部分应该如何划分，生物学家却没有共识。这在一定程度上反映了分类学层次结构的任意性，它通常将生命划分为域（古菌、细菌和真核生物）、界、门等。

真核进化

真核细胞的进化来自古菌和细菌的结合，这一理论目前相对得到广泛共识（尽管仍然有其他的理论），但是复杂细胞结构起源的其他方面仍然存有争议。所以，琳·马古利斯并没有将她的理论局限于内共生的单一例子（一个生物体生活在另一个生物体内部，互惠互利，最终成为整体的一部分），她还提出质体（包含使某些真核生物发生光合作用的叶绿体）本来是独立的原核生物这一假说。这种"系列性内共生"（serial endosymbiosis）假说并未得到相当程度的认可，许多生物学家仍然认为不太可能。

上图： 不同真核生物种类的比例。
下页图： 真核生物涵盖了我们直接经历的主要生命形式，包括哺乳动物。

学科价值

对原核生物和病毒的研究让我们了解了地球上最古老的生命形式，以及今天能攻击我们或帮助我们的细菌、古菌和病毒，而对真核生物的研究则包括我们直接经历的主要生命形式，当然也包括哺乳动物。

在功能层面理解真核细胞，对于在分子水平上更好地理解疾病和身体的运作至关重要，而整个动物学、自然史等既是一个完全依赖于真核生物的科学领域，也为许多人展现出科学最容易理解和令人愉快的一面，自然纪录片的流行就证明了这一点。一提到恐龙，几乎所有的眼睛都会亮起来，这是证明真核生物吸引力的另一个例子。恐龙也许并不可爱，但它们确实很吸引人。

虽然细菌和病毒特别善于让人感受到它们的存在，但我们不可避免地将更复杂的生物体视为更有趣也更重要的生物体，无论是对地球的未来还是对我们自己的生存，都是如此。最后，鉴于我们是真核生物，是复杂的生物体，理解真核生物是一个不可避免的话题，将继续被视为具有极高学科价值的研究方向。

未来发展

人们对真核生物生命形式的基本知识已经有了相当充分的了解,然而,生物学的许多方面仍然需要进一步的探索,因为生物系统比物理学研究的系统要复杂得多。

我们仍然不清楚真核细胞是如何从简单的原核细胞进化而来的,就像它们在大约20亿年前所做的那样。同样,在这些复杂的细胞机制中,还有很多东西没有被完全了解。

如我们所见,据估计,可能还有大约几百万种动物以及大量其他真核生物仍未被记载。虽然原生生物(色藻界生物和异营生物)要少得多,而且许多是单细胞的,但与原核生物相比,它们仍然是复杂的有机体。尤其令人着迷的是那些跨越了我们通常认为的分界线的生物。例如色藻界生物,它们与动物的共同点似乎比与植物的共同点更多,它们好动、活跃,却能利用阳光进行光合作用以获得能量。

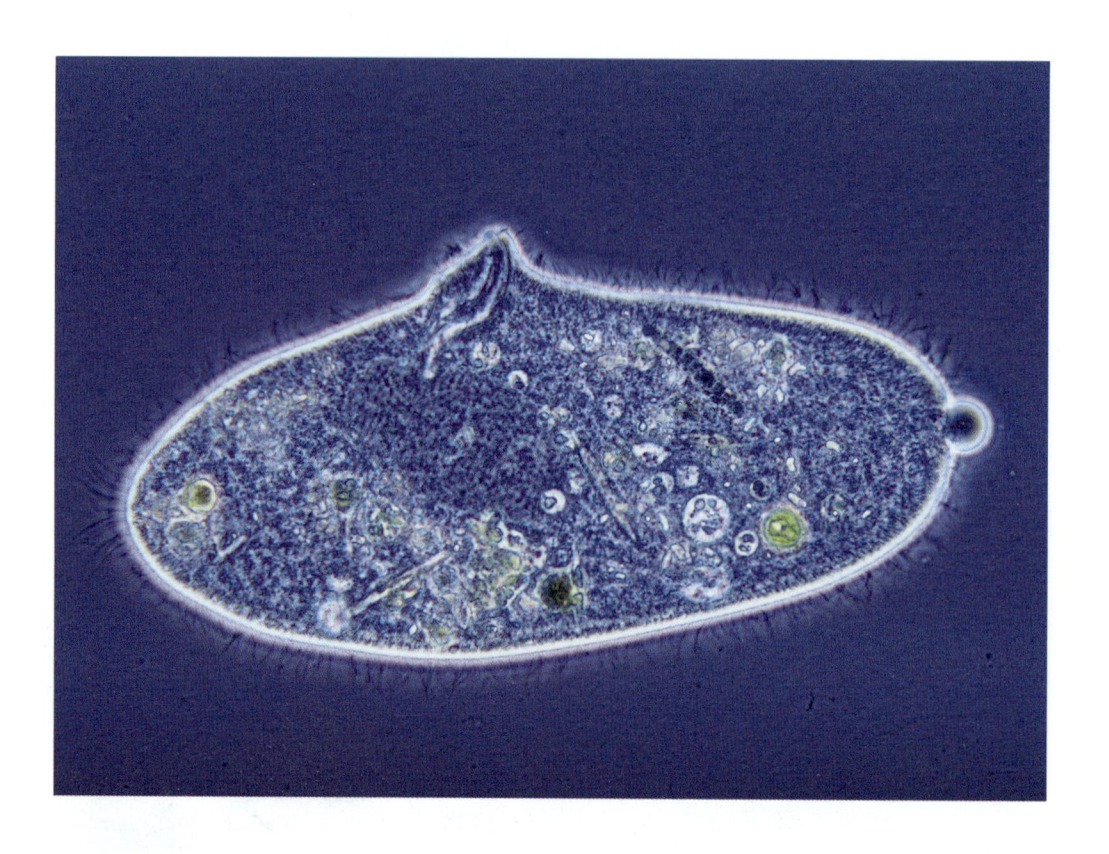

上图: 尽管是单细胞生物,但原生生物仍然具有复杂的结构。

知识回顾

起源与发展	核心理论	求同存异	学科价值	未来发展
由于动植物是真核生物，所以我们**一直都知道它们的存在**。	真核生物的定义是有一个**细胞核**，即细胞内部有其自身膜的部分。	将真核生物划分为动物、植物和真菌没有争议，但**其他真核生物究竟该如何划分门界还不清楚**。	研究真核生物让**我们了解我们直接经历的主要生命形式，包括哺乳动物**。	**生物系统如此复杂**，需要学习的东西还有很多。
1666年 罗伯特·胡克创造了"**细胞**"一词，用于描述在显微镜下看到的软木中的微结构。	真核细胞包含其他更小的结构，包括**线粒体**，能够产生一种能量储存分子**ATP**。	"系统性内共生"假说**并未得到**相当程度的认可。	了解真核细胞的功能有助于我们**在分子水平上理解疾病和身体的运行**。	我们尚不清楚约20亿年前**真核生物**如何从原核生物**演化**而来。
1831年 罗伯特·布朗描述了细胞的组成部分。	一些真核生物还含有**叶绿体**，叶绿体具有复杂的**光合作用**机制。		**动物学和自然史是单纯研究真核生物的学科**。从恐龙到自然纪录片，它们都吸引着公众的目光。	还有**更多真核生物有待发现**。
19世纪60年代 一些科学家首先研究了染色体。	许多原核生物具有**螺旋桨状的鞭毛**，由分子马达驱动。		鉴于**人类也是真核生物**，真核生物研究将继续是一个非常重要的话题。	关于色藻界，有很多东西要学习，其中包括活跃、好动、能够**像植物一样"吃掉"阳光的色藻界生物**。
1890年 理查德·阿尔特曼发现了线粒体。	动物细胞和植物细胞的不同之处在于，除了细胞膜，**植物细胞**还具有一层被纤维素加固的**细胞壁**。			
1925—1948年 线粒体的功能逐渐被了解。	真核生物进行**有性繁殖**，线粒体中有少数DNA，只来源于雌性亲本。			
	估计有**870万**种真核生物，其中约780万种是动物。			

多样性与种群

思想概述

> 大自然提供了两个伟大的礼物：生命和生物多样性。
>
> 狄奥多·布洛克（Theodore Bullock），1996年

生物多样性和不同物种的种群都处于不断变化的状态。我们认识到，多样性是一件好事，它可以接受人类干预的挑战。在改变环境（例如农业生产）时，我们倾向于通过限制可以生长的植物并减少动物活动来最高程度地减少多样性。

由于这些行为，人类担心自身可能会面临新的大规模灭绝。过去曾多次出现大规模灭绝，地球上相当比例的生命被抹去。最为人熟知的是大约6500万年前的恐龙灭绝（鸟类的祖先幸存下来），但还有许多其他物种也同时消失了。有人认为，人类现在正面临着一场新的大规模灭绝的威胁。

一种应对措施是增加人们对"再野化"（rewilding）的兴趣，即重新引入失去的物种（或等同物种）以恢复自然平衡的想法。然而，这是一个困难的过程，因为不同种群的环境相互作用是已知的数学混沌的最早的例子之一——无法预测变化带来的结果。

起源与发展

对动物种群的科学研究始于意大利数学家列昂纳多（Leonardo）的一本书，他的别名"斐波那契"（Fibonacci）更为人所知。1202年，他完成著作《计算之书》，书中提出了"斐波那契数列"：1，1，2，3，5，8，13，21……

该数列从两个1开始，将前两个加在一起生成后续的数字。斐波那契用它来预测一个理想的兔子群体的数量。

马尔萨斯人口论

抛开不太可能的假设（如兔子永远不会死），现实图景中最大的问题是，种群不会永远持续增长，而会受制于环境，包括资源、竞争对手和掠夺（包括疾病）。英国经济学家托马斯·马尔萨斯（Thomas Malthus）在1798年的《人口学原理》（*Principle of Population*）中强调了这一点，他指出，人口的增长速度要快于生存速度。马尔萨斯预言人类将面临可怕的后果，尽管农业技术的进步已使人类避开了这一预言。但在自然环境中，这一约束一直存在。

1838年，比利时数学家皮埃尔-弗朗索瓦·韦吕勒（Pierre-François Verhulst）提出了一个描述"环境承载力"的方程，该方程预测人口应该上升并趋于稳定。但在20世纪70年代，澳大利亚科学家罗伯特·梅（Robert May）指出，当增长率达到某个特定水平时，人口水平将变得混乱，并可能随季节而发生巨大的变化。

恐龙的遗骸一被发现，人们就知道一定发生了什么事情才使得恐龙灭绝了。人们最初怀疑是《圣经》中描述的大洪水，但直到20世纪80年代，更广泛的大规模灭绝的概念才诞生。当时确定了5次大规模灭绝，最古老的大约发生在4.5亿年前。

1967年，加拿大生态学家罗伯特·麦克阿瑟（Robert MacArthur）和美国生物学家W. 威尔逊（W. Wilson）首次在书中讨论了"再野化"的概念，它是"保护生物学"的一个方面。这两位科学家特别关注岛屿种群，在那里，本土物种很容易受到人类活动和外来物种的破坏。到了20世纪90年代，尽管确切的方法仍在广泛争议中，但"再野化"已成为一个被广泛接受的概念。

上页图：欧洲野牛已经被重新引入到一些"再野化"项目中。
上图：斐波那契（1170—1250）。
下图：托马斯·马尔萨斯（1766—1834）。

生物学和进化论

核心理论

数字、混沌和再野化

> 霍尔丹、赖特和费希尔是群体遗传学的先驱,他们的主要研究设备是纸张和墨水,而不是显微镜、实验室、果蝇瓶或老鼠笼。
>
> 费奥多西·多布然斯基(Theodosius Dobzhansky),1955年

在斐波那契的简单模型中,种群数量按照1,1,2,3,5,8,13,21……的数列增长,如果兔子需要一个月的时间成熟,并且怀孕一个月后每个月都会孕育一对兔子——公母各一只,那么我们就可以看到斐波那契数列的形成。开始只有一对未成熟的兔子(1),一个月后它们成熟了,但还是只有一对(1,1)。再一个月后,它们生了一对幼兔,所以现在有2对(1,1,2)。下个月,第一对再次分娩,第二对成熟(1,1,2,3)。再过一个月,第一对和第二对都生了幼兔(1,1,2,3,5),以此类推。

斐波那契数列确实出现在自然界中,但是,对于计算真正的人口增长来说,该数列显得太简单了。若人口真的基于此数列增长,那么数会越来越大,并且人不会死亡,而人的出生也不太可能有规律性。最重要的是,这里完全没有环境影响。现实世界迥然不同。

似乎不可避免的是,人口将相对不受控制地增长,直到受到食物、空间或掠夺者的限制为止,这时人口应随着季节的变化而相对稳定地发展。该模型的极简版本可以用以下等式表示:

$$x' = rx(1-x)$$

这里x是当前的人口，量度介于0（灭绝）和1（环境的最大承载能力）之间。r因子为每个时期的增长率，x'为该时期末的新人口数。与斐波那契的简单模型不同，这一种群由于（$1-x$）部分而受到环境的限制——随着种群的增长，对种群增长的阻力越来越大。

预测混沌

在实践中，变量更为复杂，但即使用这种简单的模型，也会发生一些非凡的事。如果增长率r增加到3以上，那么人口水平就开始以一种随机的方式上下跳跃，这表明了一种被称为混沌的数学现象。

环境中人口增长的复杂性与大规模灭绝的知识相结合，产生了人们对地球上生物多样性的关注。我们已知有5次大的灭绝事件，致使大约70%的物种灭绝。最早的奥陶纪-志留纪灭绝事件发生在4.5亿年前；而最晚的白垩纪-古近纪灭绝事件发生在6500万年前，在这次灭绝中，我们失去了大部分恐龙。包括较小的灭绝事件在内，人类总共发现了约20次这样的事件。

这些事件似乎是小行星撞击、火山活动和气候变化造成的。有人担心，人为导致的气候变化和环境破坏的结合将导致新的灭绝事件。人们正试图限制或通过"再野化"来扭转这种影响，但鉴于环境系统的混沌性质，这是一个缓慢的实验过程，因为几乎不可能做出有用的预测。

证 据

相互影响的种群的混沌本质是从数学中产生的，但是已经在生物界被观察到多次，特别是在受限的环境中。化石记录为过去大规模灭绝提供了证据。目前，人类的影响是否真的会造成大规模灭绝事件，尚未可知。我们确实造成了一些物种灭绝，如旅鸽和渡渡鸟，而且许多物种正在减少，但由于人类积极采取保护工作，一些物种正在恢复，我们应该不太可能看到与五大灭绝事件程度相当的大规模灭绝。

上页图：斐波那契兔子问题——斐波那契数列。
上图：向日葵种子按斐波那契数列分布。
中图：最著名的灭绝事件是白垩纪-古近纪灭绝事件。
下图：大量的旅鸽被捕杀，导致该物种灭绝。

求同存异

在一些国家，政客甚至科学家对人类对环境和动植物种群的影响的学科价值表示质疑。那些以耕作和捕鱼为生的人与生态保护者之间经常发生冲突，同样，在工业破坏自然环境的地方，也会发生冲突。不可否认的是，确实存在过度开采自然资源的可能，从而导致了现在广泛实行的捕捞配额。

另外，由于"再野化"往往涉及恢复顶级掠食者（如狼和熊）的数量，因此，关于这种方法可能对牲畜甚至人类生命造成的风险，人们持怀疑态度。在此很难提出明确的科学论点，这在一定程度上是因为，环境的复杂性和混沌性使得人们很难预测某一特定干预措施（如"再野化"）的结果。同样，人们也难以确定多样性下降将带来哪些影响：多样性下降显然会产生负面影响，但人们很难预测这些负面影响将如何表现。

学科价值

自私地说，我们的环境需要能够支持智人的人口，这一点对人类的持续生存很重要——2022年11月15日，联合国宣布，世界人口达到80亿，预计在21世纪末将达到100亿至110亿的峰值。我们对潜在的环境威胁很敏感，鼓励多样性和避免我们赖以生存的种群的丧失，有助于提高人类生存的可能性。

并非每个人都对保护"无用"物种抱有同样的热情——尽管部分问题在于要知道哪些物种将对我们长期有用，并确定由于自然环境的相互依存性，一个物种的变化将会如何影响其他物种。

然而，在许多文化中，人们强烈地感觉到保护自然本身就是一件好事，这意味着保护自然在一些国家受到高度重视，并在政治政策和规划决策中占有相当大的比重。

鉴于过去大规模灭绝的影响，毫无疑问，重要的是我们要了解，由于人类对环境的影响，我们是否确实正在走向新的大规模灭绝。如果有必要，我们应该做好准备，减轻这种影响，以维持生物多样性。

上页上图：一些顶级掠食者的回归引起了人们的关注。
上页下图：对海狸重返欧洲，各国反应不一。
上图：野猪等动物有助于保持环境平衡。

未来发展

人们认识到种群数量在数学意义上的混沌性，这在某种程度上有助于对环境中种群相互作用的研究。但正如天气的情况一样（天气模型是第一个被发现的混沌系统），知道它是混沌的，并不能使预测变得更容易。

然而，天气预报员通过使用所谓的集合预报（ensemble forecasting）找到了部分解决办法（后文中的"天气系统"部分将详细介绍）。人们不可能做出未来几天内的有意义的天气预报，但集合预报允许气象学家将概率与不同的结果联系起来。而对于环境中的人口发展来说，这种概率性的预测将更为准确。

据估计，"再野化"行动将继续增加，而努力减轻人类对生物多样性的总体影响很可能与减轻气候变化影响的措施齐头并进。

上图：罗马尼亚的多瑙河三角洲"再野化"区。

知识回顾

生物学和进化论

起源与发展	核心理论	求同存异	学科价值	未来发展
1202年 意大利数学家列昂纳多（斐波那契）建立斐波那契数列，用以表达简单的、不受限的兔子种群增长结果。 **1798年** 托马斯·马尔萨斯指出，人口的增长速度快于其生存速度，因此会受到环境的制约。 **1838年** 皮埃尔-弗朗索瓦·韦吕勒提出了一个简单的方程，描述人口在有承载力的环境中的表现。 **20世纪70年代** 罗伯特·梅指出，如果人口增长足够快，韦吕勒方程会产生混乱的人口数量。 **20世纪80年代** 确认历史上曾出现过5次大规模灭绝。 **20世纪90年代** "再野化"（"保护生物学"）首次进行实践。	**斐波那契数列1，1，2，3，5，8，13，21……**从第3项开始，每一项都是前两项加在一起所得的，描述的是一个没有环境约束的、非常简单的、成长中的人口。 一个简单的、**受环境约束的、真正适用于现实的种群模型**是：新增加种群数与增长率成正比，原种群数量与环境的承载力成反比。 如果增长率超过3，种群模型就会**变得混乱**，种群数量会疯狂地跳跃。 从化石记录中发现了**5次大规模灭绝事件**，至少有70%的物种灭绝。 这些事件主要**是由小行星撞击、火山活动和气候变化**造成的。 有人担心，我们目前正处于**人为导致的大规模灭绝事件**中，但人们正在努力应对，包括"再野化"行动。	在一些国家，**政客和科学家广泛质疑**人类对环境的影响。 "再野化"，特别是重新引入**顶级掠食者**，引起了公众的关注。 由于**环境系统的混沌性**，很难预测"再野化"和其他尝试重新设计环境的结果。	自私地说，**人类要想继续生存**，就需要一个合适的环境。 **并非所有人都支持保护"无用"物种**，但很难预测哪些物种是有用的。**也有人觉得保护自然本身就很重要**。 鉴于以往大规模灭绝的影响，我们**必须了解我们的现状**，并在必要时避开即将发生的灭绝事件。	**认识到系统是混沌的**，并不意味着系统容易预测。不过，可以利用气象学家的集合预报对环境进行预报。 "再野化"行动会持续增加。 努力减轻人类对生物多样性的影响将与减轻气候变化影响的措施齐头并进。

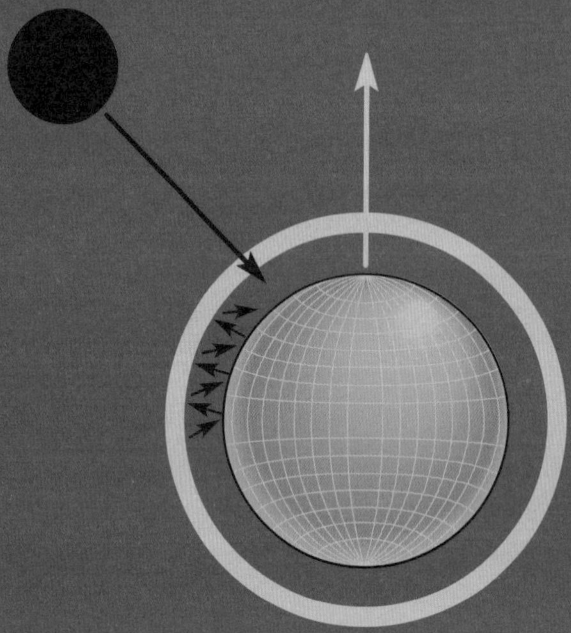

地球科学

形 成

思想概述

> 行星的形成就像打一场巨大的雪仗。雪球会反弹、破裂或粘在一起,但最终它们会卷成一个巨大的球……
>
> 克劳德·阿雷格,1992年

  当尘埃和气体被引力吸引时,地球与太阳系的其余部分便一起形成了。这些尘埃和气体是大爆炸中的氢、氦与恒星爆炸产生的物质的混合物。这个过程大约在50亿年前就已经开始了,到约45亿年前,以太阳为主体、拥有八大行星的太阳系的基本结构形成。

  据推测,远古的某个时刻,有一个较小的天体忒伊亚(Theia,可能与火星大小差不多)与原始地球相撞。这次撞击不仅改变了这颗年轻行星的内部结构,而且将这两个天体碰撞产生的大量碎片轰离地球表面,形成了一颗异常大的卫星——月球。

  最初,地球表面的大部分是火山喷发所侵蚀的熔岩,火山喷发还形成了大部分早期大气,据推测是氮气、二氧化碳、水蒸气和二氧化硫的混合物。

起源与发展

早期的地球形成观念是以创世神话为基础的，创世神话中的地球通常是一个平坦的表面，有一个类似屋顶的天空，有时还漂浮在水中，由一个或多个神创造。

早在公元前5世纪，古希腊哲学家就意识到地球是一个球体，海上的船似乎只从地平线上升起就证明了这一点。尽管从那时起，球形地球的概念就已经是有识之士的共识了，但地球的形成仍然被大部分人认为由诸神掌握。

然而，到了19世纪，地球的形成时间开始被推后。当地质学家了解到地球表面的地层提供了一种回溯时间的方式时，他们意识到，地球一定比最初想象的要古老得多——至少有数百万年的历史。这令人尴尬，因为当时对太阳年龄的估计值比较小，但可以肯定的是，太阳一定比地球古老。例如，1779年，法国自然哲学家乔治-路易·勒克莱尔（Georges-Louis Leclerc），即布丰伯爵（Comte de Buffon）估计太阳的年龄为7.5万岁。

太 阳

1862年，苏格兰物理学家开尔文勋爵驳斥了太阳像煤炭那样在燃烧的观点，因为如果那样的话，太阳只能维持2万年。他开始进行更现实的估计。开尔文勋爵利用德国自然哲学家赫尔曼·冯·亥姆霍兹（Hermann von Helmholtz）关于太阳由引力收缩提供能量的观点，提出太阳的年龄为2000万至6000万岁。奇怪的是，当他根据地球原始温度和冷却速度的假设来计算它们对地球的影响时，他得出了地球已存在1亿年的结论。不过即使是1亿年，对达尔文来说也是不够的，达尔文认为地球上的生命需要几亿年的时间才能进化成现在的状态。

上页图： 月球被认为是在地球与一个较小的天体忒伊亚的碰撞中形成的。
上图： 乔治-路易·勒克莱尔（1707—1788）。
下图： 在危地马拉埃尔·米拉多尔古城发现的玛雅雕带上的创世神话。

核心理论

尘埃、水和碰撞

关于太阳系起源的最佳模型是气体和尘埃云，它们在数百万年的引力作用下聚集在一起。大部分物质（按重量计算超过99.9%）最终成为太阳，但盘状的云层仍会围绕着年轻的太阳旋转。当粒子碰撞时，它们会逐渐经历一个被称为吸积（accretion）的过程，首先变成巨石大小的岩石，然后这些岩石会趋向于聚集和碰撞，最终形成行星。

在太阳附近，大部分物质相对较重——对于许多较轻的物质来说，太阳太热了，它们仍将保持气态。也就是说，行星只能在离太阳较远的地方形成。因此，地球（形成于约45亿年前，距离太阳第三远的行星）是多岩石的。人们认为，地球的地表水较晚才出现，因为当地球刚刚形成时，地表水根本无法保存。

早期地球

早期地球应该有一个炽热的表面。铁是地球上最丰富的元素，因为它也相对较重，所以较大比例的铁最终进入地核。而水的确切来源仍有争论。长期以来，人们一直认为水来自彗星，其中主要是冷冻水。然而，对彗星冰的分析表明，它们并没有类似的氢及其同位素氘的混合物——现在人们认为，地球上只有十分之一的水来自彗星。

一些水可能是在地球形成的过程中因撞击而出现的，这些撞击使水在地表下埋藏得足够深，从而在随后的月球形成过程中幸存下来。尽管相反的理论认为，这些水是在这场动荡的事件之后才出现的，也许来自冰质小行星的撞击。与彗星相比，这些小行星的氢氦混合物更像地球上的氘，甚至它们可能和忒伊亚一起撞击地球。关于这一点，稍后再谈。

最初，地球周围没有月球环绕。然而，在地球形成后的几百万年里，人们推测它与另一个小天体发生了碰撞。结果，地球和这个天体（被称为忒伊亚）相撞后，碎片彼此混合，形成了一个大的天体，这个天体在引力作用下成为地球的卫星。因此，地球的这颗卫星的大小比预期的大得多。它是太阳系中体积第五大的卫星（较大的卫星都围绕木星或土星运行），其直径大约是地球的四分之一。

例如，火星的卫星相对较小，被认为是被捕获的小行星。月球的大小对地球有着重大影响，如影响潮汐、帮助稳定地球轨道等。

证　据

地球的年龄是由放射性同位素测年确定的，其中最准确的是钐-钕测年。这涉及放射性钐-147，它衰变为钕-143，半衰期约为1000亿年，地球的年龄完全涵盖这一范围。之所以选择这样的配对，是因为这样的测年需要两种元素长期、稳定地存在，而钐和钕就是如此。

地球与太阳系其他部分的形成过程，是通过对地球元素组成的分析，以及将其与月球和其他行星（尤其是火星）的岩石进行比较来综合确定的。至于早期的大气，直到最近才被认为有不同的成分。人们提出的混合体的证据基于古老的锆石（硅酸锆）晶体的发现，这种晶体在火山岩浆冷却时形成，很好地捕获了当时大气中的颗粒。

上页上图：艺术家笔下的太阳系的形成。
上页下图：地球的部分水可能来自冰冷的彗星。
上图：地球的卫星——月球的大小比预期的大得多。

求同存异

> 世界已经不是当初从创造者手中诞生时的样子了，它已经被许多伟大的革命改变，这些革命是由一种内在机制引起的，而我们对这种内在机制的理解非常不完善……
>
> 亚当·塞奇威克（Adam Sedgwick），1842年

尽管地球形成于约45亿年前的科学证据极为有力，但仍有相当一部分人认为地球形成于约6000年前，其依据是17世纪爱尔兰大主教詹姆斯·乌雪（James Usher）根据《圣经》中的年表计算得出的地球年龄。

地球与太阳系其他部分形成的整体图景得到了广泛支持，但对于地月系统是如何形成的，人们仍存在各种不同的看法。虽然忒伊亚撞击地球是最被广泛接受的观点，但这一观点也有批评者。另一种理论认为，月球是一个被捕获的独立天体。然而，月球在放射性物质的混合方面与地球极为相似，而且与太阳系中的其他行星截然不同。这不仅排除了被捕获的可能性，而且在这一点上，似乎忒伊亚也不太可能和原始地球一样。一种可能的假设是，碰撞如此剧烈，两个天体都变成了碎石而混合在一起。科学家们计算的模拟模型显示，如果这种假设成立，则需要两次碰撞。

上图左： 詹姆斯·乌雪（1581—1656）。
上图右： 关于月球形成的忒伊亚理论未被普遍接受。
下页图： 地球是迄今为止我们知道的唯一的生命之家。

学科价值

知道地球是如何形成的、何时形成的,并不十分实用,但有三个重要的原因可以激励我们探索。首先,它是我们这个世界的前史,是我们迄今所知的宇宙中唯一的生命家园。显然,没有地球的形成,就没有生命。

其次,它为我们提供了地球上生命存在的上限,这对于解释生命如何开始、何时开始以及是否可能存在于其他行星上具有重要意义。

> 地球的起源在历史上一直与创世神话联系在一起。

最后,由于地球的起源在历史上一直与创世神话联系在一起,因此,更好地了解地球的形成,也是我们通过科学来认识世界的一个重要里程碑。在世界上一些创世神话仍占主导地位的地区,人们往往对科学、技术和现代医学实践带有较大的抵触情绪。

这与达尔文参与讨论地球年龄有关。除非地球存在了几亿年,甚至数十亿年,否则进化几乎不可能产生我们在地球上看到的生物多样性,更不用说化石所记录的范围和规模了。按照达尔文对进化论的理解,地球必然比当时人们普遍认为的更为古老,而证据也证明他是正确的。

未来发展

尽管我们的行星形成模型仍在不断完善中，但通过放射性同位素测年，地球的年龄已经得到了强有力的证实。我们估计地球年龄约为45亿岁，似乎无可争议。然而，正如我们所见，人类对地月系统的形成机制仍抱有很大的疑问。从月球岩石的铀-铅测年来看，月球似乎形成于地球生命早期，但我们没有足够的证据来判定两种不同的形成理论。

我们对地球和月球表面的组成了解较多，但对其内部了解较少。我们将从下一节的内容中发现，鉴于从地核提取物质的能力的局限性，我们对地球组成的理解仍然相对有限。然而，我们对地核的分析并不能让我们区分出像忒伊亚这样的撞击小天体的物质，除非这些物质相对靠近小天体表面。也许在将来，我们能够从地球内部更深处进行采样，从而更好地理解地球。

上图：阿波罗11号登月舱拍摄的月球表面。

知识回顾

起源与发展	核心理论	求同存异	学科价值	未来发展
史前 创世神话将神创造的地球描述为具有屋顶状天空的平坦表面。	大约45亿年前，在太阳形成后，地球由**尘埃和气体云凝结而成**。	相当一部分人相信，根据《圣经》年表，**地球是在6000年前形成的**。	如果没有地球的形成，就**没有生命**（也就没有我们）。	地月系统的形成机制尚不确定。**更好地了解地球的内部构造**可能会有助于地球科学的进一步研究。
公元前5世纪 古希腊哲学家发现地球是球形的，但对于造物，他们仍然无法解释。	早期地球表面**太热，不可能形成水**。水很可能是在地球和小行星及其他撞击物撞击后产生的。	由于**地球和月球物质的相似性**，与**忒伊亚撞击形成地月系统的理论遭到了质疑**。	地球的年龄给出了**生命存在的上限**。	目前的**行星形成模型还不太完善**，有待进一步发展。
1779年 布丰伯爵估计太阳的年龄为7.5万岁。	**最初地球并没有月球环绕**——我们现在这个异常巨大的卫星被认为是在地球与忒伊亚（火星大小的天体）碰撞后形成的。	在地月系统的形成过程中，可能有**不止一次撞击**。	更好地了解地球的年龄，使我们**摆脱了一些误导性的创世神话**。	
1862年 开尔文勋爵估计，如果像煤一样燃烧，太阳只能维持2万年。如果太阳的热量来自引力收缩，那么太阳的年龄为2000万~6000万岁，但地球却有约1亿年的历史。	**地球年龄**的测定来自测量**放射性钐的衰变**。		地球的年龄对于**进化**发生作用的时间很重要。	
19世纪60年代 查尔斯·达尔文认识到，地球必须足够古老，进化才能达到目前的生物多样性水平。	对**岩石的分析**表明了地球的形成过程，而对锆石的研究则确立了早期大气的组成。			

地球科学

构 造

思想概述

> 在地球的历史进程中，无数事件相继发生，造成了状态的变化，并产生了一定的持久性后果。
>
> 卡尔·伯纳德·冯·科塔（Carl Bernhard von Cotta），1867年

地球有4个不同的层。其中心是一个固态的内核，为液态的外核所包围。在外核之上，还有一个被称为地幔（mantle）的固态但稍具流动性的区域，其外层地壳相对较薄。它并不是完美的球形（即使忽略山脉和峡谷的起伏），由于自转，地球在赤道周围略宽，形成了一个扁球体。

从地心向外延伸，地球的每一层都会变冷，温度范围从中心的约5400℃到表面的约14℃。地球内部的热量来自地球形成时的余热和铀-238、钾-40等同位素衰变产生的放射性热量。

地壳外层不是一个单一的连续层，而是一系列被称为板块的区域，这些区域都在进行缓慢的移动。

起源与发展

古希腊人对地球构造的看法与公元前5世纪哲学家恩佩多克斯提出的四元素理论相关,亚里士多德在随后的一个世纪对其进行了完善。

古希腊人认为每种元素都有着不同的趋势,即朝向宇宙中心(地球)或远离宇宙中心移动。也就是说,应该存在一个球体,周围包围着一个水球,然后是空气,然后是火。

这样的模型将所有的陆地都淹没在水中,因此人们认为地球是一个偏离中心的球体,所以产生了一块陆地。当然,人们认为地球并不是只由土元素组成的,而是由各种化合物组成的,这些化合物产生了当时已知的矿物结构。

地球的构造

17世纪以前,人们对地球构造的认知一直停滞不前。1692年,英国天文学家爱德蒙·哈雷提出,地球是由一系列同心球组成的,并且球体之间存在间隙,以解释牛顿对地球密度过低的错误估计。

直到20世纪,我们对地球构造的大多数观念才得到发展。这是因为我们只探索过地球的一个很小的外层。在地壳中钻得最深的是俄罗斯的科拉超深钻孔(Kola Superdeep Borehole)。它穿透了地壳12.3千米,不到地表至地心距离的0.2%。

1912年,德国地球物理学家阿尔弗雷德·魏格纳(Alfred Wegener)提出了大陆漂移的概念。当时,他的想法作为板块构造学的基础几乎遭到了普遍的反对。直到20世纪50年代,人们才收集到足够的证据使他的理论被接受。至于我们对地球内部构造的认知,则来自对地震产生的震动的测量。

正是对穿过地球的地震波的探测,才使得英国地球物理学家哈罗德·杰弗里斯(Harold Jeffreys)在1926年提出了地球有一个液核的观点。随后在1936年,丹麦地震学家英厄·莱曼(Inge Lehmann)在该液核区内探测到了一个固核。

上页图:地球内部构造。
上图:阿尔弗雷德·魏格纳(1880—1930)。
中图:地震仪轨迹显示地震波。
下图:爱德蒙·哈雷(1656—1741)。

核心理论

层、板块和构造

地球由4个大致呈球形的层组成，尽管外层的同质性要差得多。内核直径约1200千米，实心，主要由铁和镍组成。尽管它存在于约5400℃的温度下，但由于巨大的压力（大约是我们所承受的大气压力的300万倍），它仍然呈固态。

围绕着它的是外核，直径6800千米，也主要包含铁和镍。尽管这里的温度略低，从最外部的4000℃到与内核交接的温度，但较低的压力意味着外核呈液态。正是外核中流动的旋涡产生了类似发电机的效应，产生了地球的磁场。

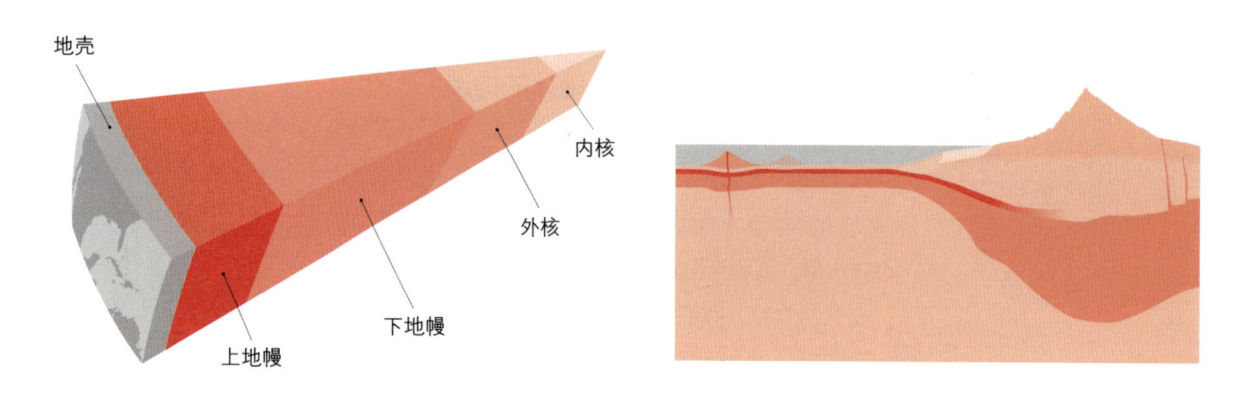

接下来是最大的一层结构，即地幔，占地球体积的80%以上。由于地壳的厚度只有0～100千米，所以地幔的直径仅略小于整个地球的直径（约为12750千米）。地幔的温度范围也是各层中最大的，从外核的温度到地幔外边界的约500℃。严格来说，岩质地幔分为两层：上地幔相对较薄，与地壳关系较为密切；下地幔则较厚。

外层的地壳是我们真正熟悉的部分，充分冷却后形成固体。地壳的成分和厚度差别很大。与大陆地壳相比，海洋下的地壳通常要薄得多，而大陆地壳中钠铝硅酸盐和钾铝硅酸盐岩石（如花岗岩）的密度也明显低于海洋地壳中富含铁的矿物（如玄武岩）的密度。

对我们来说，虽然地幔隐而不见，但它对构造板块的运动有着直接的影响。理论上，地幔是固态的，但能够极其缓慢地流动，特别是在较低压力下。由温差驱动的对流意味着地表板块的移动非常缓慢。

这种运动是可能的，这一想法最初来自假设，因为不同大陆的海岸线之间有相似之处，这表明它们曾经结合在一起。地球大约有7个主要板块和许多较小的板块，它们以每年不超过0.1厘米的速度移动。在板块横向相互靠近的地方，一个板块可以在另一个板块下方流动（俯冲），形成山脉，发生地震的风险很高。在板块相互远离的地方，海洋盆地开阔，火山活动很激烈。也有一些板块相互运动，产生容易发生地震的断层，如美国加利福尼亚州的圣安德烈亚斯断层（San Andreas Fault）。

证 据

尽管地震可能是造成可怕破坏的原因，但它们也是了解地球内部构造的最重要工具。地震会在地球上发出一系列强烈的波，通过研究这些波的形式和方向的变化，我们可以推断出很多内容。地震在地球内部产生两种不同类型的波，根据纵向（沿传播方向挤压）P波被折射，但横向（沿传播方向左右移动）S波被阻止，人们推断出了液态外核的存在。

构造板块的证据来自古地磁学。古地磁学主要研究含铁的岩石，这些岩石储存着来自地球磁场的磁性痕迹。对不同地点的岩石的测量表明，它们所在的陆地相对于地球两极发生了移动。这一点结合更直接的运动证据（例如在部分洋壳中），支持了构造板块的存在。

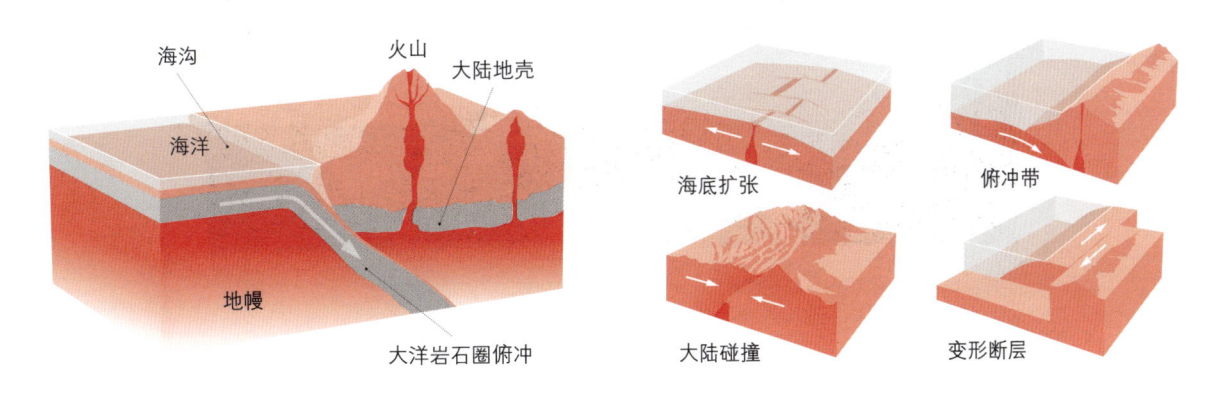

上页左图：地球构造的四大层，地核分为内外两层。
上页右图：地壳剖面图。
上图：圣安德烈亚斯断层周围的中断。
下图左：俯冲带。
下图右：板块相互作用的四大类型。

求同存异

> 任何研究过地球进化理论历史的人,都会惊讶地发现,在推导这些理论的框架时,独一无二的和难以解释的东西取代了普通的和自然的东西。
>
> 威廉·霍布斯(William Hobbs),1921年

尽管在17世纪和18世纪,地壳结构曾引起一些争议,有人认为在裸露岩石和矿石中观察到的岩层是《圣经》中的洪水造成的,也有人认为这是由地球内部的热量造成的,但在当前的观点形成之前,关于地球内部构造的理论几乎没有引发争议(除了偶尔激进派提出的空心地球理论)。

迄今为止,最大的批评针对大陆漂移的观点。虽然各大洲的海岸线有着明显的相似性,表明它们曾经像拼图一样拼接在一起,但魏格纳第一次提出这一理论时,却面临着强烈的批评——因为各大洲看起来如此固定,地质学家无法想象大陆运动的机制,尤其众所周知的是,大陆地壳的密度远低于海洋地壳的密度。

上图: 裸露岩石中的岩层被认为是由《圣经》中洪水或地球内部热量造成的。
下页上图: 海地大地震的废墟。
下页下图: 地球磁场的保护作用。

学科价值

除了渴望了解我们的星球如何运作，还有两个来自地球构造的重大影响需要我们关注。

首先是地震的影响。火山和地震是造成自然灾害的两个最具破坏性的原因。两者均受地球内部构造活动的驱动，尤其是构造板块的影响。掌握地球内部的温度梯度和地表下的物质信息，对了解火山也很重要。第二个影响则来自地球深处的液态外核。那里产生的磁场对我们非常重要。对地球磁场最直接的应用可能是指南针的使用，但地球磁场在保护我们免受太空辐射方面起着更为重要的作用。

太阳向我们喷射出一股高能带电粒子流，被称为太阳风。地球磁场使太阳风偏转，从而保护我们的大气层。如果没有地球磁场，太阳风就会剥离臭氧层，使我们暴露在危及生命的紫外线辐射下。随着时间的推移，太阳风可能会剥离整个大气层。人们认为，火星曾经有一个重要的大气层，但由于磁场失效，其大气层消失了。

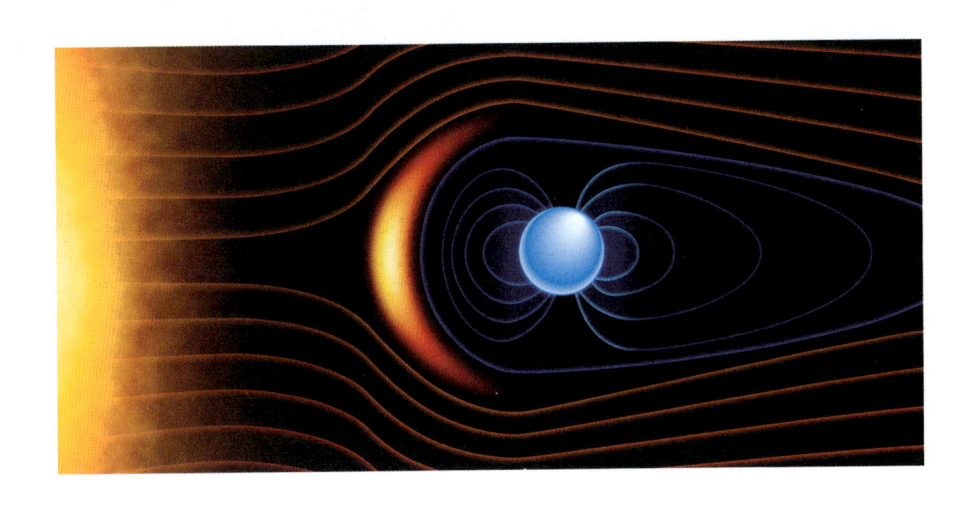

未来发展

如我们所见,越深入地球内部,温度越高。如此这般的温度梯度是能量的来源——热机正是利用两个位置之间的温差来工作的。这就为开发另一种绿色能源提供了机会,与其他能源(除核能)不同,这种能源不依赖太阳的能量。这就是地热能。

> 地热能在地壳存在空隙的地方,比如火山活动处,且特别容易利用。

只要钻入地下,就有可能达到越来越高的温度。地热能在地壳存在空隙的地方,比如火山活动处,特别容易利用。因此,冰岛在地热能的利用方面处于世界领先地位,对于其他利用太阳能能力有限的国家,地热能的利用率可能会大大提高。

就基础知识而言,我们仍在探索地球内部构造。要知道,在20世纪之前,我们对地球科学几乎一无所知。随着解释穿过地球的声波的机制愈加完善,我们对地球构造细节的理解也会越来越好。

上图:冰岛的赫利舍迪地热能工厂。

知识回顾

起源与发展	核心理论	求同存异	学科价值	未来发展
公元前5世纪 古希腊人认为地球是具有土、水、气和火四元素的同心球体。 **1692年** 爱德蒙·哈雷提出，地球是由同心球组成的，以解释当时计算出的地球密度（不正确）。 **1912年** 阿尔弗雷德·魏格纳提出，大陆可能在移动（大陆漂移）。 **1926年** 根据地震学数据，哈罗德·杰弗里斯认为地球有一个液核。 **1936年** 英厄·莱曼发现地球内部有一个固核。 **20世纪50年代** 有证据支持构造板块的存在，它是大陆漂移的基础。	地球由**4个大致呈球形的层**组成。 **内核**直径1200千米，温度5400℃左右，由**固态铁和镍**组成。 **外核**直径6800千米，包含**液态铁和镍**，**产生地球磁场**。 **地幔**占地球体积的80%以上。虽然是坚硬的岩石，但由于对流的作用，它可以非常缓慢地流动。 **地壳**为固体。**海洋地壳要薄得多**，但密度更大。 大陆漂移发生的原因是，**构造板块**（大面积的地壳）**在地幔上运动**，形成山脉并引发地震。 地震和**古地磁学**对通过地球的**冲击波的测量**，为此提供了证据。	**地壳结构**，是由《圣经》中的洪水造成的，还是由来自地球内部的热量造成的，人们对此争议不休。 最大的批评针对**大陆漂移观点**，因为最初人们**无法设想任何解释**大陆漂移的机制。	了解地球构造有助于我们**理解地球是如何运作的**。 我们需要了解地球的构造，以**了解火山和地震发生的根源**。 地球磁场起源于外核，它保护我们免受太阳风的影响，否则**太阳风可能会剥离臭氧层，最终破坏大气层**。	地表和地球深处的温差可以作为**地热能的来源**。 我们对地球**内部构造的研究还处于早期阶段**，随着探测器和声波探测技术的进步，我们可以期待更多的研究成果。

地球科学

生命的起源

思想概述

> 生命可以被认为是在适当的温度、适当的气候、适当的光线下，在足够长的时间内保持的水。
>
> 诺曼·贝里尔（Norman Berrill），1958年

尽管我们将生命视为生物学中的一种现象，但生命起源于地球和地球上的资源。因此，当我们思考生命的起源（abiogenesis）时，我们发现，生命出现在地球上是合乎时宜的。值得注意的是，生命似乎已经在地球上存在了大约40亿年，也就是说，在地球形成后5亿年便出现了。

我们所知的所有生命都依赖三个关键要素——水、碳和能源。当然，要使生命过程得以运行，还需要更多基本要素，但如果没有碳原子和水分子的独特灵活性，生命就不可能存在。同样，如果没有恒定的能量来源，生命也就不可能存在。

在太空中发现了许多生命所需的基本分子，这是否意味着生命在宇宙中是普遍存在的？生命是否会存在，取决于生命最开始的难度有多大。生命在地球上似乎只成功发生过一次。

上图：生命的基本要素：水、碳和能源。
下页上图：约瑟夫·胡克（1817—1911）。
下页下图：推翻生命自然发生学说。

起源与发展

西方很多人认为地球是在大约6000年前形成的，生命从一开始就存在。然而，有一个平行的分支可以追溯到亚里士多德，他在公元前4世纪提出，较小的生物体可以通过自然发生——往往出现在不那么顺利的环境中。

这个理论有一定的逻辑性。把一块腐肉放置一段时间，就会有蛆虫从腐肉里面冒出来。1668年，意大利医生弗朗切斯科·雷迪（Francesco Redi）进行了一项经典的实验，推翻了生命自然发生学说，他使用的容器里放有同样腐烂的肉，有些是敞开的，有些是用布覆盖的。只有敞开的容器中的腐肉才生蛆，这表明苍蝇在肉上产下了未被观察到的卵。不过直到19世纪，生命自然发生学说才被完全否定。

地质年代

19世纪人们对地质年代的理解不断发展，加上查尔斯·达尔文进化论要求数亿年的时间，将生命起源的日期推到了更遥远的过去。抛开神的干预，自发生成也被证明不可能，人们还是不知道存在什么样的机制，能够让生命存在。

1871年，达尔文在给他的朋友约瑟夫·胡克的信中写道："人们常说，现在已经具备了生命第一次产生的所有条件，而这些条件是曾经可能具备的。但是，如果（啊，这个脑洞该开得多么大）我们想象在一个温暖的小池塘里，有各种氨和磷盐、光、热、电，这时有一种蛋白质化合物已然成形，准备经历更复杂的变化……"

达尔文在信中似乎提出了在不同于我们当前环境的条件下生命自发产生的一个特例，这一理论后来被许多科学家发展，包括俄罗斯的生化学家亚历山大·奥巴林（Alexander Oparin）和英国遗传学家约翰·霍尔丹（John Haldane）。霍尔丹认为，存在原始的"汤"（soup），导致化学反应产生生命所需的化学物质。1952年，美国化学家斯坦利·米勒（Stanley Miller）模拟地球早期的水和大气条件，并向这种实验环境中传送电能，使"原始汤"这一概念得到加强。实验结果是产生了许多氨基酸——生命必需的化合物。

苍蝇进入并产卵，孵化出蛆虫。

没有苍蝇进入，但它们在纱布上产卵，孵化出蛆虫，或者卵从纱布上掉下来，在肉上孵化。

苍蝇、蛆虫和卵都无法进入

核心理论

碳、水和锆石

> 生命之所以在宇宙中存在，完全是因为碳原子具有特殊的性质。
>
> 詹姆士·金斯（James Jeans），1930年

人们认为，生命出现在大约40亿年前。生命之所以能够发生，在很大程度上取决于碳的化学性质。正如我们在本书化学部分所看到的，碳是迄今为止最灵活的元素，它可以通过键合产生不同的结构，从简单的甲烷到复杂的DNA和对生命至关重要的蛋白质。人们普遍认为，如果没有碳和将碳累积成适当结构的方法，就不可能有生命。

幸运的是，碳并不是一种罕见的元素，其基本的有机结构很容易形成，在太空中发现的许多简单的有机分子甚至一些氨基酸可证明这一点。另一个相对普遍的要求，也是我们的地球拥有的得天独厚的条件，那就是水。从太空上看，地球是一颗蓝色的行星，这并非毫无意义。

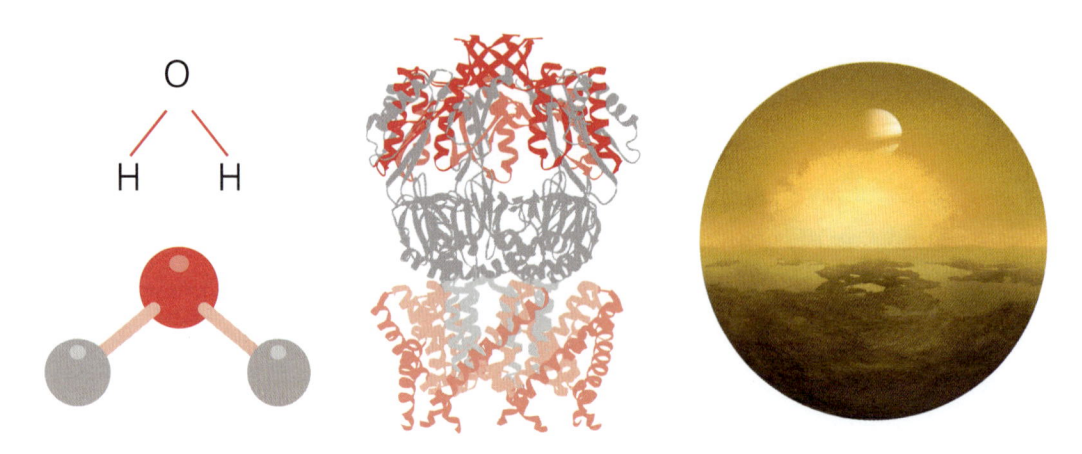

水具有两个至关重要的特征，这使其对生命的存在至关重要。第一个重要特征是，水是一种很好的溶剂。这是因为水分子是"极性"（polar）的——两个氢原子都在分子的同一侧，因此水分子的一侧带有相对正电荷，另一侧带有相对负电荷。我们已经看到，这使得水分子之间的氢键成为可能，但这也意味着水善于与其他原子和分子结合，这是水成为良好溶剂的首要条件。

这一点之所以如此重要，是因为生命过程需要各种离子和分子的移动，并与分子机械相互作用。如果没有溶剂来运输，这些分子就容易黏在一起，无法发挥作用。

水的另一个重要特征是，它在地球上广泛的温度范围内均呈液态。当然，温度确实会经常低于水的冰点，但生物体通常具有一种机制，可防御低温导致它们的细胞凝固并停止运作。虽然在形成生命结构分子方面，似乎没有碳的替代物，但原则上水可以被另一种溶剂取代。例如，有人提出土星的卫星土卫六（Titan）上可能存在生命，因为土卫六的云层和表面液体是碳氢化合物，如甲烷和乙烷，可以作为溶剂。

生命的起源

虽然人们对生命如何发生没有统一的想法，但有一个令人信服的说法是，生命最早发生在海底热泉（undersea vents）中。海底热泉是热水的来源，含有丰富的矿物质。生命开始最大的问题之一就是，必须同时整合许多不同的事物。狭窄的热泉喷口可以满足许多要求，例如在细胞壁发育之前维持生命的结构、获取营养和排泄的机制、能量的来源等。当然，对于生命的发生，还要跨越一座重要的山峰，但只要消除一些障碍，这样的环境就将成为一个极好的起点。

证　据

人们怀疑生命是在约40亿年前出现的，因为地球上已知最古老的物质之一锆石，即硅酸锆的晶体，具有倾向于捕获其他原子的结构，其中一个就是碳原子。在澳大利亚杰克山（Jack Hills）发现的可追溯至41亿年前的锆石中，存在着碳同位素的不平衡，这通常可归因于生物过程。

锆石中含有受大气含量影响的化合物，我们可以通过测定这些化合物来判定早期大气的结构。虽然没有直接证据表明生命是如何开始的，但目前的最佳假说提供了逻辑上的建议，为生命能够自发产生减少了障碍。

上页左图：水分子的形状使其具有极性。
上页中图：蛋白质的复杂结构。
上页右图：艺术家笔下的土卫六上的碳氢化合物湖。
上图左：杰克山，澳大利亚。
上图右：海底热泉喷出热水。

求同存异

英国神职人员威廉·佩利（William Paley）在其著作中总结了对生命自然发生的批评。在1802年出版的《自然神学》（*Natural Theology*）一书中，佩利提出了钟表匠（watchmaker）的观点。他指出，如果在穿越一条河道时遇到一块石头，人们会认为这块石头一直存在在那里。但如果找到的是手表，人们就不会这么认为了。因为手表是为了一个目的而组装在一起的，它的各个部件必须各司其职，才能发挥功能。

当时的论点是，像生物体这样的复杂结构不会自发产生，而必须被创造出来，就像手表的情况一样。佩利写作的时候，进化论的思想还没有形成。佩利的论点甚至适用于最简单的生命形式——从化学物质的集合到生物体有着相当大的飞跃，这仍然需要复杂的机制的加持。

米勒的实验在两个层面上饱受质疑。实验之后，人们发现他尝试的原始大气层的气体组合混合了错误的气体，如果气体正确，实验就不会那么成功。并且，单纯地制造出氨基酸就声称自己创造了生命，就好比制造出螺母和螺栓就声称自己造了一辆汽车一样。从这个实验到生物体的产生，还有很大的鸿沟。

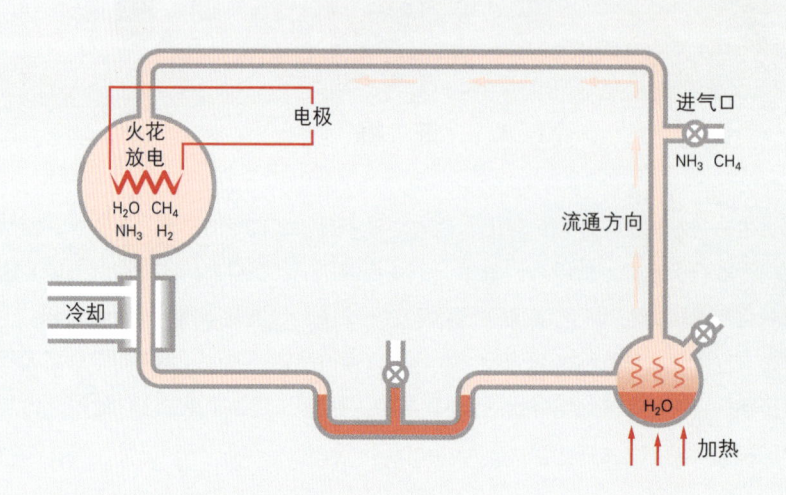

学科价值

生命是如何发生的，这是科学尚未明确给出答案的重大问题之一。显然，这对我们所有人都很重要，不是为了重现这一时刻，而是为了了解我们以及我们周围所有生命的成因。

可以说，更好地了解地球上的生命的起源，其最重要的好处是，能够更好地评估宇宙中普遍存在的生命。科学家们对此的看法多种多样，从认为大多数有适当条件的行星都会有某种形式的生命，到认为生命极不寻常的假说，以及我们可能是银河系中唯一的智慧生命体。

外星生命体在科幻小说中频频出现，凸显了我们对这个话题的天然迷恋。我们现在知道许多恒星有行星，但我们还没有证据表明其中有一颗行星蕴藏着生命。从某些方面来看，这不足为奇。恒星之间相距遥远。以人类有史以来最快的速度——阿波罗10号时速40000千米，到达太阳之外最近的恒星需要11000多年。据我们所知，超光速太空旅行的科幻梦想只存在于虚构之中。但如果我们能更好地了解生命是如何在地球上发生的，那么我们就可以更容易地推测生命在不同世界发生的可能性。

上页上图：威廉·佩利（1743—1805）。
上页下图：米勒的实验。
上图：人类能达到的最快速度是阿波罗10号的速度。

未来发展

理解地球生命起源的一个最重要的潜在发展是，我们能否在太阳系的其他地方找到生命。虽然恒星是我们无法触及的，但我们可以探索太阳系。如果我们能在其他行星或卫星上找到存在生命的证据，那么研究它们就可以帮助我们了解生命是如何在地球上起源的。

这种证据不需要宇宙胚种论。宇宙胚种论是19世纪首次提出的科学理论，并在20世纪英国天文学家弗雷德·霍伊尔（Fred Hoyle）和出生于斯里兰卡的英国天文学家钱德拉·维克拉玛辛格（Chandra Wickramasinghe）的支持下得到了进一步发展。这个观点认为，生命不是起源于地球，而是来自太空。

这并不荒谬。物质确实来自太空，包括起源于火星的陨石，并且原则上基本的生命形式可以在穿越太空时幸存。如果宇宙胚种论是真的，人们将不再需要解释地球上生命的起源，而只需把问题推到另一个地方。

然而，最有可能的发现将是在另一个世界上发展的平行生命。由于我们在地球上只有一种例子，这可能为生命在地球上起源提供了重要线索。

上图： 火星表面——至今尚未发现生命。

知识回顾

起源与发展	核心理论	求同存异	学科价值	未来发展
远古时代 关于地球生命起源的大部分解释涉及神灵的创造。	事实证明，**水、碳和能源**对地球上的生命至关重要。	威廉·佩利的**钟表匠论点**有力地表明，生命很难自发产生。	知道生命从何而来具有广泛的学科价值。	虽然恒星是我们无法触及的，但我们可以**探索太阳系**。
公元前4世纪 亚里士多德提出，一些较低级的生命形式是自发产生的——通常是由腐烂的物质生成的。	大约40亿年前，生命的出现高度依赖**碳灵活的化学性质**。	米勒的实验遭受质疑，一是由于他使用了**错误的混合气体**来模拟现在被认为是早期大气的气体；二是由于他以为制造出氨基酸就能解释生命起源，就像拥有**一盒螺母和螺栓**就好像拥有一辆功能完善的汽车一样，完全站不住脚。	我们可以更好地评估宇宙中生命的普遍性。	在**太阳系其他地方发现生命**可能有助于了解地球上生命起源的方式。
1668年 弗朗切斯科·雷迪做实验证明，腐肉上自发产生的蛆虫由苍蝇产卵所致。	**水是一种多功能的溶剂**，这对于携带生命所需的许多化合物是必不可少的。		我们**不太可能直接遇到外星人**——星际旅行的距离太过遥远。	这不需要宇宙胚种论（**地球上的生命来自太空**），虽然这个理论并非完全荒谬。
1871年 达尔文推测生命起源于一个富含矿物质的"小暖池"。	水在地球上大多数表面温度下呈液态，这是其发挥作用的必要条件。虽然没有很好的碳的替代品，**但其他溶剂（例如液态碳氢化合物）可以在其他领域代替水**。		更多地了解生命如何出现，以及出现的难易程度，将使人们更容易决定**生命在宇宙中是普遍的还是稀有的**。	**不同来源的生命的相似性和差异性**将帮助我们理解生命是如何在地球上开始的。
1924年 亚历山大·奥巴林提出，有机化学物质的"原始汤"导致了生命的发生。	**生命有可能起源于海底热泉**，它提供了框架、温床、化学物质和物质流，可能减少了生命开始的障碍。			
1952年 米勒的实验模拟早期地球的条件，并产生了氨基酸。	**古老的锆石**捕获了对大气和碳水平有反应的原子，**为我们提供了生命早期开始的证据**。			

地球科学

87

碳 循 环

思想概述

> 农学家手中握有富人钱柜和穷人储蓄罐的钥匙，因为政治事件对自然规律没有影响，自然规律迫使人们每天必须将一定数量的碳和氮摄入自己的系统。
>
> 尤斯图斯·冯·李比希（Justus von Liebig），1851年

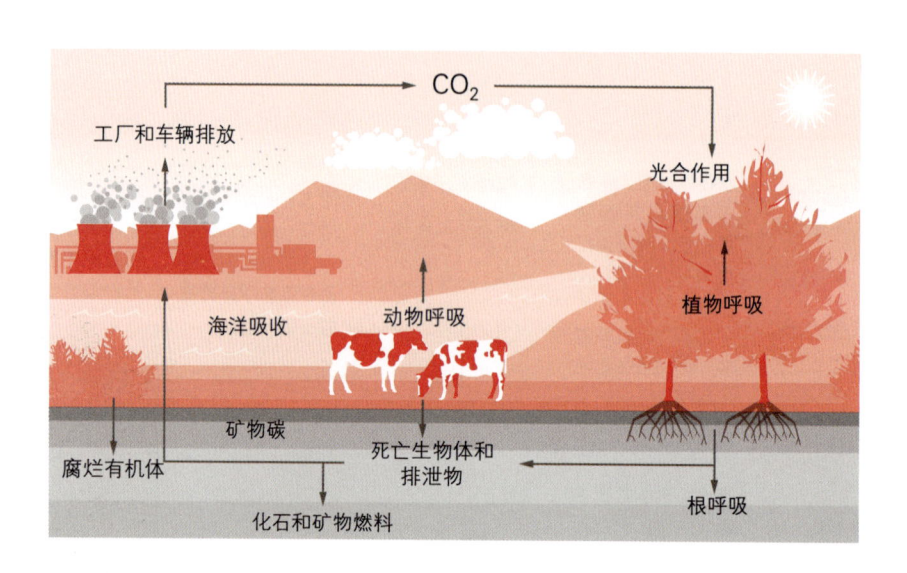

化学过程不会产生或破坏原子，因此，人体里的每一个原子之前都存在于其他生物体中。除了少量来自陨石和其他对撞产生的原子，地球上的每一个原子自地球形成以来就一直存在。

由于生命在很大程度上依赖于碳，因此了解地球生物过程的一个有效方法就是追踪碳原子的循环。空气中的碳以二氧化碳的形式被植物提取，以提供它们生长所需的主要原料。植物被动物食用（其中一些动物被其他动物食用），将碳转移到动物体中。而二氧化碳通过动物呼吸、地质排放和动植物腐烂返回大气。这是一个真实的生命循环。

当然，这些过程也有一些微妙之处。例如，细菌在将碳释放回大气中起着重要作用。但是，完整的碳循环可以说是生物与地球相互作用的最重要的过程。

起源与发展

理解碳循环的核心是，空气是包括二氧化碳在内的多种气体的混合物。1774—1786年，英国自然哲学家约瑟夫·普里斯特利对他所谓的不同的空气（different airs）进行了一系列实验。普里斯特利发现了氧气，他称之为"脱燃素气体"（dephlogisticated air）。这个古怪的名词的来历是，普里斯特利支持一种基于抗氧物质的理论——某种物质燃烧时，会发出"燃素"（phlogiston）。

普里斯特利发现，老鼠会"破坏"空气，产生燃素（去除氧气），但如果在罐子里加入植物，空气就会通过除去燃素（加入氧气）而恢复。几年前，普里斯特利发现，将"固定的空气"（二氧化碳）放在水中，可以产生气泡水。他没有商业意愿去处理碳酸水，而是将它留给了瑞士业余科学家约翰·施韦普（Johann Schweppe）开始销售。但普里斯特利确实与荷兰化学家詹·英格豪斯（Jan Ingenhousz）讨论过他对各种气体的发现。1779年，普里斯特利观察到光合作用，并发现在光照下，植物的叶子会释放出氧气。

氧气的命名

法国化学家安托万·拉瓦锡（Antoine Lavoisier）让我们摆脱了笨拙的气体命名，抛弃了"燃素"，并命名了氧气，他让碳循环，特别是动物部分的碳循环的基本原理，得到了进一步的发展。

例如，1783年，拉瓦锡测量了一只豚鼠释放的二氧化碳和热量，并将其与燃烧二氧化碳释放的热量进行了比较。他推断出呼吸是一种缓慢的燃烧反应——从空气中吸收氧气并释放二氧化碳。到1804年，瑞士化学家尼古拉斯·德·索绪尔（Nicolas de Saussure）证明了植物中的碳是从空气中的二氧化碳中提取的。

到1847年，法国化学家雅克-约瑟夫·埃贝尔蒙（Jacques-Joseph Ébelmen）拼凑出碳循环的另一个重要组成部分，即火山喷发出由埋藏的有机残余物产生的二氧化碳，这使他成为第一个真正将碳循环的有机成分和地质成分结合在一起的人。

上页图：碳循环。
上图：约瑟夫·普里斯特利（1733—1804）。
下图：安托万·拉瓦锡（1743—1794）。

核心理论

二氧化碳、植物和动物

> 你会死去,但碳不会,它的生命不会随你而止。它将回归土壤,在那里,植物可能会再次吸收它,将它送入下一轮植物和动物的生命循环中。
>
> 雅各布·布朗诺夫斯基(Jacob Bronowski),1965年

碳循环以两个速度运行。慢循环是地质的。大气中的二氧化碳与水发生反应,形成弱碳酸。弱碳酸会慢慢溶解岩石,导致海水中含有钙、镁等金属离子,以及碳酸盐离子(每个碳酸盐离子都有1个碳原子和3个氧原子)。随着时间的推移,这些物质会以碳酸钙(石灰石)等矿物质的形式沉积下来,比如,这些离子被生物体用于制造贝壳,而这些贝壳最终会沉到海底。

这种含碳物质与死亡生物沉积的碳结合在一起,随着时间的推移,被压缩成石油、天然气或煤,最终在火山作用的热量和压力下回到大气中。这一缓慢的周期可能需要几亿年才能完成。

人们比较熟悉的与生命有关的循环则要快得多,因为它依赖于生物的生死。植物(以及海洋中的浮游生物)利用太阳能进行光合作用,使二氧化碳分子发生裂解,并利用其生长过程中的碳,将氧气作为废物排放到空气中(碳循环的反循环:氧循环)。

在植物和浮游生物中,碳可以通过被称为燃烧的反应以多种方式返回大气,其中氧与含碳分子结合,断裂化学键并释放能量和碳。两条"经典"路径是,动物食用植物,通过呼吸作用释放出二氧化碳;植物在细菌的作用下死亡和腐烂。然而,植物也会直接利用该能量在夜间释放二氧化碳,并且在大火吞噬有生命(或曾经有生命)的物质时释放二氧化碳。最后一个例子不仅涉及

自然燃烧，还涉及人类对化石燃料的使用，这些化石燃料都曾经是有生命的物质。

气候变化

　　下文将讨论由人类活动引起的气候变化，这些变化主要是温室气体，特别是二氧化碳释放到大气中的结果。从碳循环的角度来看，原则上这有利于植物更快地生长，但从慢循环的角度来看，其结果是溶解的二氧化碳使海洋更加酸化，从而对珊瑚礁和贝类海洋生物造成严重损害。

　　虽然碳循环是地球上最关键的循环，但生物体也依赖于水循环和氮循环。在水循环中，水（主要来自海洋，也来自淡水资源）在大气中蒸发成水蒸气。水蒸气被风吹到足够冷的地方，凝结成雨。对于陆地上的生命来说，水循环是获取淡水的必要条件。

　　氮循环反映了植物有效生长的另一个主要需求。大气中的氮（约占大气组成的78%）被细菌"固定"在土壤中，其中一些细菌共生在植物根部，将氮转化为硝酸盐。植物在生长过程中利用硝酸盐，就像利用碳一样。氮在植物死亡后返回到空气中，也往往是通过细菌的作用完成的。

证　据

　　正如我们所见，从18世纪开始，人们就开始进行实验，研究生物的气体输出和消耗量。随着人们对慢循环的地质学和火山学有了更深入的了解，并且能够研究细菌以了解其在地球循环中的作用，更大的图景出现了。

上页图：英国英格兰多塞特郡的杜德尔门（Durdle Door），戏剧性地展示了海蚀的影响。
上图：马尔代夫的发光浮游生物。

求同存异

早期的批评来自燃素理论造成的混乱。尽管事实证明，像普里斯特利这样的科学家在不了解氧的性质的情况下，也有可能发展形成碳循环的某些想法，但只有在拉瓦锡的发现下，碳循环图景才有可能正确地发展起来。

碳循环的一些细节引起了相当大的争议。例如，尽管现在看来似乎很明显，但煤是由腐烂生物产生的这一观点在最初就引起了争议，因为在没有明确地球上生命时间尺度的情况下，有人认为煤是一种地质产物，早于生命存在。

碳循环的全貌直到19世纪晚期才出现，这并不奇怪，因为它依赖于现代原子化学的观点。请记住，尽管约翰·道尔顿及其继任者做了大量研究，但原子的存在在整个19世纪都存在争议，直到20世纪初，人们才就原子问题达成共识。

同样，当人们认识到碳循环后，支持慢循环和快循环的人之间也存在一些争议，之后人们才意识到，两者都做出了重大贡献。

上图：煤中的蕨类化石。
下页上图：了解碳循环对于保护环境至关重要。
下页下图：与人类相比，火山的二氧化碳产量相形见绌。

学科价值

碳循环是生命的驱动力。没有碳，我们就不可能存在。只有了解了碳，我们才能完全理解地球上生命所涉及的复杂的互动网络。尽管就整个地球而言，生命可以说只是一个微小的表面活动，但它是迄今为止地球上最复杂的系统：碳循环跟踪地球生存环境的有效性。

我们很容易将世界上的自然资源简单地看成是可以随意利用的材料，但对碳循环的理解使我们清楚地认识到，植物不只是食品和建筑或燃烧的原材料，它还是地球不断循环更新的基本组成部分。

在一个密切关注气候变化的时代，了解碳循环至关重要，因为我们必须从慢速和快速碳循环这两个更广泛的背景下，看待人类直接产生温室气体这个问题。例如，一些试图淡化温室气体危害性的人声称，缓慢的碳循环将更多的二氧化碳排放到大气中，这意味着人类的产出可以忽略不计。但研究表明，正常的火山的二氧化碳产出与人类产出相比相形见绌。

未来发展

碳循环的基本原理已为人们所熟知,但这是一个非常复杂的系统,就像人口等其他环境因素一样,其细节往往不为人所知,变化的影响也可能无法准确预测。这一领域的发展可能是为了更好地理解细菌的影响。

本章"气候变化"一节将更详细地加以讨论,应对气候变化的一个重要方面将是"重新平衡"(rebalancing)碳循环,以确保进入大气的碳不多于从大气中吸收的碳。除了减少排放,还可以通过使用自然手段(如植树)和技术手段(如使用从大气中提取碳并将其锁在地下或水下的机制)来消除碳。这些方法都需要进一步完善,例如,植树是一种非常缓慢的固碳方法,而碳捕获和储存技术仍处于发展的早期阶段。

上图:植树是减少碳排放的一种方法。

知识回顾

地球科学

起源与发展	核心理论	求同存异	学科价值	未来发展
18世纪70年代 约瑟夫·普里斯特利用"不同的空气"进行实验，发现一只老鼠"破坏"了空气，但一株植物能恢复空气。	碳循环有**慢速和快速**之分。	早期的一些批评来自发现氧气前的**燃素理论**引起的混乱。	碳循环是**生命的驱动力**。	基础知识已为人所知，但**细节（例如细菌的作用）**需要更深的理解。
1779年 詹·英格豪斯观察到，在光合作用下，植物叶片上产生了氧气。	**缓慢的地质循环**是指空气中的二氧化碳溶于水，与岩石发生反应，产生含碳的矿物质，再由火山返回到大气中。	有人认为煤早于地球上的生命存在，因此**煤是由腐烂生物产生的**这一观点受到了争议。	虽然生命只是地球上一个微小的表面活动，但它却是迄今为止**最复杂的系统**。	应对气候变化的一个重要方面将是**重新平衡碳循环**。
1783年 安托万·拉瓦锡认为，呼吸是一种缓慢的燃烧反应——吸收氧气并释放二氧化碳。	**快速的生物循环**包括植物从大气中吸收碳，动物食用植物并通过呼吸产生二氧化碳。植物和动物死后腐烂也会产生二氧化碳。	只有**用原子的观点才能真正理解碳循环**，而原子的观点在整个19世纪都存在争议。	人们很容易把世界上的自然资源看作可以**随意使用的材料**，但我们必须牢记它们在**碳循环中的作用**。	从**植树**到**碳捕获和储存**的技术都需要进一步完善。
1804年 尼古拉斯·德·索绪尔指出，植物中的碳来自空气。	**人为的二氧化碳**促进了这一循环，促进了植物的生长，但也加剧了海洋酸化。		理解碳循环对于**将人类产生的温室气体与气候变化联系起来**是至关重要的。	
1847年 雅克-约瑟夫·埃贝尔蒙将碳循环的有机成分和地质成分结合在一起。	虽然碳循环对**生命至关重要**，但**水循环和氮循环**同样具有重要的意义。			

岩石循环

思想概述

> 岩石通常把自己的故事藏在最困难和最难到达的地方。
>
> 罗伊·查普曼·安德鲁斯（Roy Chapman Andrews），1926年

地质学，字面意思是"地球的自述"，是对地球成分物理性质的研究。地质学拥有自身循环，主要涉及三种类型的岩石：岩浆岩、变质岩和沉积岩。与碳循环一样，岩石循环也是一个重复的过程，即岩石从一种形式过渡到另一种形式，不过时间尺度要长得多，大气的作用要小得多。

随着岩石从一种形式过渡到另一种形式，岩石循环存在多个分支。岩石由于板块运动被推下地幔，到达"俯冲带"。一个板块滑落到另一个板块下面，就会熔化成岩浆。熔融的岩石被推回地表时，往往会形成火山，并以岩浆岩的形式结晶。

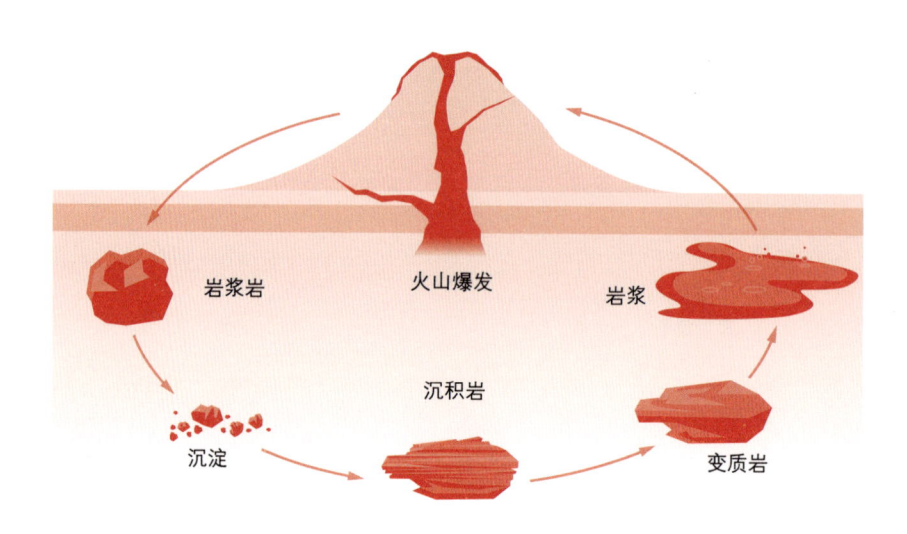

上图：岩石循环。

顾名思义，沉积岩是由沉积颗粒（如沙子）堆积而成的，由于天气的影响，这些颗粒已从现存的岩石中磨损消失。随着时间的推移和压力的作用，这些颗粒结合成沉积岩。相比之下，变质岩是那些在温度和压力下经历晶体结构变化，但从未变成液体的岩石。

起源与发展

岩石循环理论发展的背后是两个关键的苏格兰人物：詹姆斯·赫顿（James Hutton）和查尔斯·莱尔（Charles Lyell）。此前，"水成论"（Neptunists）和"火成论"（Plutonists）两种理论之间存在相当大的争议。水成论者，尤其是德国地质学家亚伯拉罕·维尔纳（Abraham Werner）认为，地球的岩层主要是由大量的水作用形成的。火成论者以意大利地质学家安东·莫罗（Anton Moro）为首，认为岩层是由热和火形成的。

恒定通量

地质学家詹姆斯·赫顿提出了这样一种观念，即地球处于恒定（即使非常缓慢）的通量状态——在数百万年的时间里，加热直至熔化，然后冷却，再加上侵蚀和沉积物的沉积，形成了如今野外岩石的多样性和分层状态。赫顿的思想构成了均变论（uniformitarianism）概念的核心部分。这是一个听起来很有误导性的名字，因为它暗示着一切都一样，但它的目的在于表达一个在巨大的时间范围内逐渐变化的周期，而不是由于过去的一个独特事件（如《圣经》中的洪水）而导致的突然和灾难性的变化。这里是指变化的过程是一致的，而不是指岩石的状态是不变的。

赫顿还指出，由于物质沉积、火山活动和侵蚀的长期循环，原来的海床现在可能形成旱地的一部分。均变论的关键信息是，现在的作用过程与不同岩层和类型的岩石出现的过程相同。赫顿的研究是由年轻的地质学家查尔斯·莱尔建立的。和赫顿一样，莱尔也是均变论的支持者，他认为地质学是亿万年前"深时"（deep time）的产物。莱尔还研究了地震和火山——尽管这些地震和火山通常会在当地产生灾难性事件，但他认为它们是长期循环的一部分，而长期循环会通过"深时"反复地将地壳中的岩石"送"回地表。

上图：詹姆斯·赫顿（1726—1797）。
下图：内陆白垩中的双壳软体动物化石显示，现在是旱地的地方曾经是海底。

核心理论

岩浆岩、变质岩和沉积岩

> 如果我们真的看到这些岩石从深海中出现,我们就会拥有再清楚不过的证据来证明这些岩石的不同形成,以及它们形成的漫长间隔。
>
> 约翰·普莱费尔(John Playfair),1803年

尽管岩石循环比碳循环简单得多,但循环本身却明显地交织在一起。不同类型的岩石没有形成一个循环圈,而是通过不同的过程相互渗透。

我们可以从岩浆岩的形成开始。岩浆岩是矿物由于板块运动从上层地壳被推下、被加热,直到熔化成熔融的岩浆形式,然后在火山系统作用下回升时冷却形成的。火山爆发时,熔岩出现在地球表面并冷却,形成岩浆岩层。另外,当岩浆岩被推入其他岩石类型中形成侵入体时,岩浆岩可以"侵入式"(intrusively)而不是"喷出式"(extrusively)的方式冷却。有时,当周围较软的岩石被侵蚀时,它们就会变得清晰可见,形成戏剧性的形状,比如美国怀俄明州的魔鬼塔,因电影《第三类接触》(*Close Encounters of the Third Kind*)而出名。

上层地壳

地球的上层地壳大部分是岩浆岩。喷出岩浆岩中最常见的是玄武岩,一般呈灰色至黑色,细节上呈玻璃状,多由长石和辉石(均为金属铝硅酸盐混合物)组成。同样常见的还有石英——一种氧化硅晶体形式。最著名的侵入岩是花岗岩——一种坚硬的颗粒状岩石,通常由长石和石英混合而成。

所有类型的岩石，包括岩浆岩，一旦暴露在风雨中，就会受到侵蚀，水和风会逐渐去除岩石的颗粒。岩石颗粒在重力作用下被冲刷，以沉淀物的形式聚集，与生物体的碎片特别是水生生物的碎壳结合在一起。这些细小颗粒最初往往由一种天然的胶水黏在一起，这种胶水来自从流经颗粒的水中析出的矿物质。随后，岩石颗粒随着其他层的覆盖而被压缩，最终形成沉积岩。

这里最常见的形式是砂岩和石灰岩（包括白垩岩）。从技术上说，煤可以被认为是一种沉积岩。石灰岩主要是由海洋生物的残骸组成的，贝壳中含有丰富的钙质，因此形成的石头的成分主要是碳酸钙。砂岩中含有硅酸盐晶体，如长石和石英，但由于没有岩浆岩的熔融和重组过程，因此所形成的石头的硬度远低于玄武岩或花岗岩的。

变质作用

最终过程，即变质作用，是通过极端的热量和压力，改变现有岩石的形态，而不使其熔化。地壳的很大一部分是变质岩，虽然岩浆岩在上层地壳中占主导地位。也许最常见的变质岩是大理石和板岩。大理石是经过变质作用的石灰石或白云石（碳酸镁钙），而板岩最初是黏土或火山灰。虽然鲜为人知，但片麻岩是另一种常见的形式，它既可以起源于岩浆岩（如花岗岩），也可以起源于沉积岩（如砂岩）。

每种类型的岩石都可以在岩石循环中为其他岩石提供原料。

证　据

岩石循环的基本概念来源于对各种岩石层以及这些岩石层之间的相互关系的观察，再加上对火山岩浆流出和沉积作用的研究。然而，完整的现代岩石循环的概念取决于对构造板块的理解，所以直到20世纪下半叶才出现。

上页左图：夏威夷的熔岩生成岩浆岩。
上页右图：澳大利亚乌鲁鲁的砂岩露头。
上图：希腊纳克索斯岛的一个大理石采石场。

求同存异

对岩石循环的批评主要来自水成论者和火成论者。他们基本上为同一类人，因为他们对目前岩石结构基础的看法是，岩石是在一次灾难性洪水中形成的，这与《圣经》中的洪水相一致，发生在几千年前。

支持这种看法的人会指出，除了一些火山和地震，地球似乎是稳定的，这与持续、渐进变化的想法背道而驰。还有一些灾变论者认为，造成今天岩层的洪水并不是一场全球性的洪水，他们还认为，正如岩石所显示的那样，岩石结构是由局部的灾难性洪水造成的。

> 还有一些灾变论者认为，造成今天岩层的洪水并不是一场全球性的洪水。

反对均变论的主要论据是，地球的年龄还不够大，不具备形成现今构造所需的岩石反复循环的深层时间，但从19世纪末到20世纪，新技术证明的岩石的寿命越来越长，达到数百万年，甚至数十亿年，以此估算目前地球年龄约45亿岁。一些人仍然从宗教的角度来反对岩石循环，坚持认为大多数岩石结构是在大约6000年前的大洪水期间形成的，但没有科学证据支持他们的观点。

学科价值

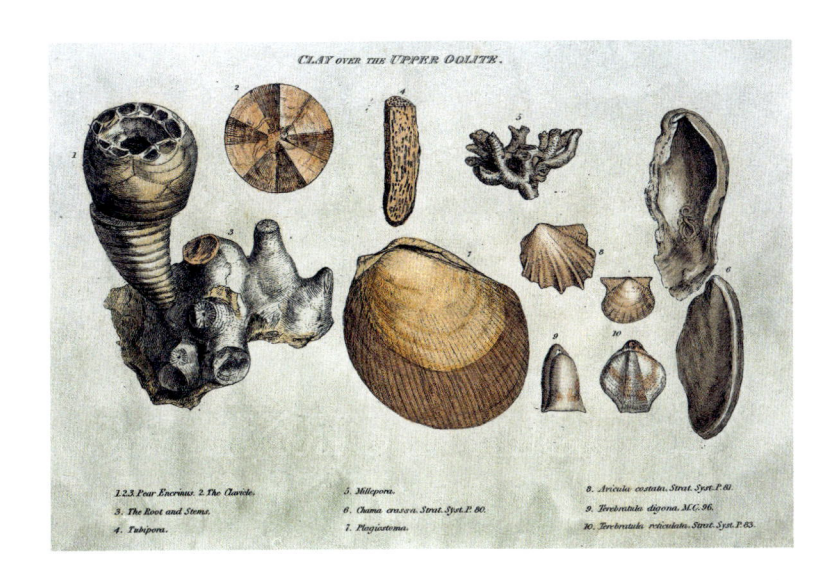

岩石循环听起来像是地质学的一个枯燥的分支。当然，从某种意义上说，它提供了各种不同类型岩石形成的机制，这一点至关重要。但这一切发生的时间尺度远远超过了人类20万年的生存时间，更不用说一个人的一生了。岩石循环存在两个非常重要的方面，可以使我们对科学发展有更为广泛的了解。

深 时

首先，岩石循环为我们提供了确凿的证据，证明了今天生命形式进化所需的深时。我们往往把地质学和生物学分开考虑，但这两门学科实际上存在很多联系。例如，查尔斯·达尔文就在这两大学科之间架起了桥梁，而英国地质学家威廉·史密斯（William Smith）则将化石遗骸进行了对比，以匹配他作为采矿工程师在英国各地发现的不同岩层。实际上，岩石循环不仅仅是一个地质循环，更是一个生物地球化学循环，它把地质变化和生命对地壳的影响结合在一起。

其次，事实证明，岩石循环对于理解构造板块带来的更大图景以及我们对地壳下地球构造的更好理解至关重要。它是了解我们赖以生存并与之相互作用的不同地质构造是如何形成的基础。

上页左图： 俄罗斯图塔耶夫复活大教堂的大洪水壁画。
上页右图： 水成论者认为岩层是在大洪水中形成的。
上图： 威廉·史密斯专著中有关地层和化石类型的雕刻。

未来发展

尽管人们对岩石循环有了一定程度的理解，但由于它是一个复杂的系统，而且由于地质时间尺度与我们作为生命形式所经历的时间尺度如此不同，所以我们仍然需要更多的知识来了解细节，才能够完全描述所涉及的机制。

也许最有趣的潜在发展并不是地质学，而是月球学（研究月球的结构和岩石）和火星学（研究对象为火星）。例如，长石（feldspar）是一种常见的岩浆岩形态，由一系列金属铝硅酸盐矿物组成，构成了约一半的地壳。我们从阿波罗任务带回的样本获知，长石存在于月球上（考虑到目前关于月球起源的理论，这并不完全出人意料），但更有趣的是，长石也存在于火星上。

人们在火星陨石中发现了长石。2012年，美国航空航天局（NASA）的好奇号探测器在火星上首次使用X射线衍射技术，发现长石是火星沙子的一种成分。我们对岩石循环的理解也给我们提供了一个更大的视角，以观察太阳系中的其他天体。

上图：阿波罗任务带回的岩石样本可以用于研究月球学。

知识回顾

起源与发展	核心理论	求同存异	学科价值	未来发展
18世纪40年代 安东·莫罗提出了火成论，即岩石是在形成岩浆之前通过受热而产生的。 **18世纪70年代** 亚伯拉罕·维尔纳提出了水成论，即岩石结构是在一场灾难性的洪水的影响下形成的。 **1785年** 詹姆斯·赫顿发表了关于岩层的著作，强调了统一发展的学科价值。 **1830年** 查尔斯·莱尔出版巨著《地质学原理》，通过对火山的观察和对"深时"的理解来支持赫顿的观点。	**岩浆岩**是由构造板块将现有的岩石推到地心深处熔化而形成的。 岩浆岩可能是**喷出岩**——从火山喷发出来形成熔岩，例如形成**玄武岩**，也可能是**侵入岩**——被推入其他矿物中，通常形成**花岗岩**。 所有的岩石都受到水和风的侵蚀，脱落的颗粒被冲刷在一起，压缩形成**沉积岩**。 沉积岩包括**砂岩**和**石灰岩**，后者主要来自破碎的贝壳，包括**白垩**。 在**变质岩**中，现存的岩石在热和压力作用下发生转变而不液化。最常见的是**大理石**和**板岩**，**片麻岩**也很常见。 **岩石循环**的**证据**首先来自对岩层、火山和沉积物的观察，但完整的图景需要**板块构造学**的支持。	主要的批评来自**水成论者**和**火成论者**。 许多灾变论者认为，现在的岩层（除了火山的局部改造）源于一场**灾难性的大洪水**，也许就是**《圣经》中所说的洪水**。 有人认为，地球的**年龄还不足以**让岩石循环产生目前所有的变化，但按照地球已经有约**45亿年历史**的现代观念，许多循环都有可能产生目前的结构。	岩石循环为生物**进化**所需的**深时**提供了**确凿的证据**。 岩石循环既是**地质循环**，也是**生物地球化学循环**。 岩石循环对于理解构造板块带来的**更大图景**至关重要。	岩石循环涉及**复杂的相互作用**，还有更多的东西需要学习。 了解岩石循环有助于我们更多地了解**月球和火星的形成**，因为我们已经开始探索月球学、火星学以及地质学了。

地球科学

103

天气系统

思想概述

> 气候是我们平均预期的，天气是我们实际得到的。
>
> 赫伯森（Andrew Herbertson），1901年（常被认为出自马克·吐温）

地球上的天气是多个系统相互作用的结果——大气、海洋、陆地和来自太阳的能量相互作用。太阳对各种成分进行加热，例如导致水蒸发并上升到大气中，在那里形成云，并冷凝成为雨、冰雹和雪。部分大气的温差会导致气流（风），而大气的巨大规模意味着小部分集体作用可能导致闪电、龙卷风和飓风。

天气预测

只要一直对周围的世界充满好奇，我们就一直在寻找预测天气的方法，以使农业生产、社会活动都能达到最佳效果。最初的民间方法在19世纪转变为科学方法论，人们希望天气预测会越来越好。但在20世纪下半叶，人们发现天气是一个数学意义上的混沌系统，永远不可能做出长期预测。通过一种被称为集合预报的方法，我们预测天气的能力得到了显著提高，我们对天气机制的认识也在逐年提高。就其对日常生活的影响而言，我们要始终对这一系统心怀敬意。

起源与发展

在了解天气系统之前，人们就有了预测天气的尝试。与传统医学一样，早期的天气预测基于民间传说与纯粹的幻想。例如，关于天气的俚语"朝霞不出门，晚霞行千里"确实有一定的道理，因为红色的天空确实常见于大气高压下。高气压通常与好天气联系在一起——如果在傍晚时分观察到霞，那往往说明高气压正在移动，暗示着未来的好天气，而在早晨观察到霞，则意味着高气压可能正在离开，会把好天气带走。

空气测量

1643年，意大利科学家埃万杰利斯塔·托里拆利（Evangelista Torricelli）发明了一种更直接的测量气压的工具——气压计。早期的气压计，如托里拆利气压计，并不是实用的家庭用品，因为它们要利用一根长管（通常有1米长），里面装满水银（汞），并开放在空气中。法国科学家卢西恩·维迪（Lucien Vidi）在1844年发明的无液气压计是一项关键的发展，它利用内部带有真空的金属电池的运动，制造出一种简单的类似于表盘的仪器。

现代意义上的科学预测始于19世纪50年代，由爱尔兰科学家弗朗西斯·蒲福（Francis Beaufort）和英国海军军官罗伯特·菲茨罗伊（Robert Fitzroy，也是带领达尔文踏上探索之旅的"猎犬号"的船长）为英国海军提供预测。紧接着，1861年《伦敦时报》首次发表了公开预测。这些预测均基于气象站的观测结果，而基于大气三维区域中天气状态变化的数学预测则始于20世纪20年代。

进行更精准的天气预测的追求推动了我们对天气系统的理解，这在很大程度上是基于流体流动的基础物理学原理的。1845年，法国工程师克劳德-路易·纳维（Claude-Louis Navier）的方程得到了英国物理学家乔治·斯托克斯（George Stokes）的物理解释，并结合对太阳辐射热的理解，首次给出了完整的科学描述。但直到1961年，美国气象学家爱德华·洛伦茨（Edward Lorenz）才首次理解了天气的混沌性。

上页图： 太阳的能量是天气系统的驱动力。
上图： 埃万杰利斯塔·托里拆利（1608—1647）。
中图： 无液气压计。
右图： 汞气压计。

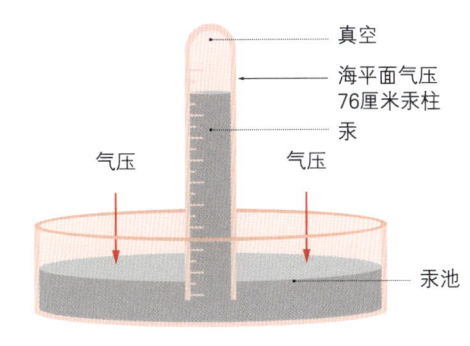

真空
海平面气压
76厘米汞柱
汞
气压
气压
汞池

地球科学

105

核心理论

预测、模型和混沌

对天气系统本质的探索与天气预测紧密相连，不可分割：正是对天气预测的需求，推动了我们对天气的认识。

预测的基础是建立世界天气的数学模型。这些模型将地球表面划分为多个单元，并将这些单元延伸到大气层中，有可能分为若干层。这些模型从观测开始，在一个时间起点绘制每个单元的天气状况，然后逐步向前推进，预测每个单元的天气将如何根据其邻域而变化。

在更复杂的模型中，会有一系列因素发挥作用。这些因素包括每个单元中大气的流体流动、不同温度下单元之间的热交换、太阳辐射的影响以及进出单元的水的状态变化。早期的数学模型是手工制作的，但只有使用计算机才能做出相对复杂的模型。现代天气预报是世界上最大的超级计算机的服务领域之一，其在大量的单元上进行广泛的计算。

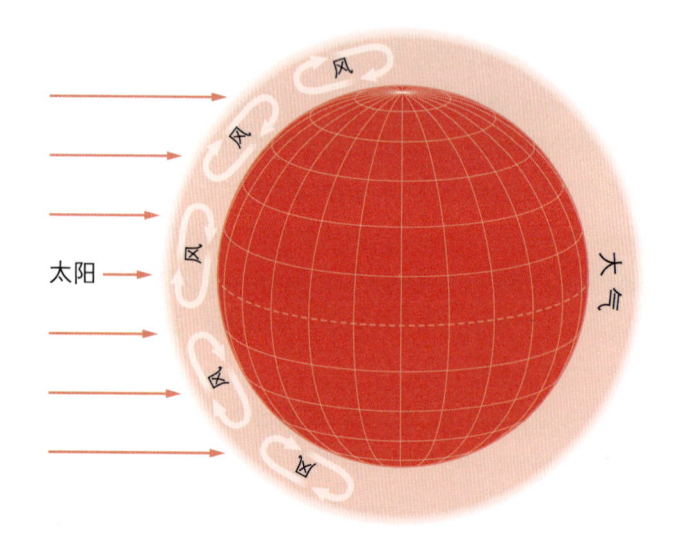

计算机预测

正是早期利用计算机进行预测的尝试，导致了混沌数学理论的发展，并最终大幅提高了预测的准确性，同时使人们认识到长期预测永远不可能实现。1961年，在麻省理工学院工作的美国气象学家爱德华·洛伦茨在早期的计算机上运行了一个简单的数学模型。

此前，洛伦茨曾在研究中部分运行过该模型。由于计算机需要几个小时才能产生一个输出，因此洛伦兹将打印输出的结果作为起点输入，而不是从头再运行一次。他震惊地发现，新的预测很快就与原来的预测完全不同——尽管计算机本身可以工作到小数点后六位，例如，处理5.724293等数字，但打印输出将数字四舍五入到小数点后三位，使其等效值为5.724。

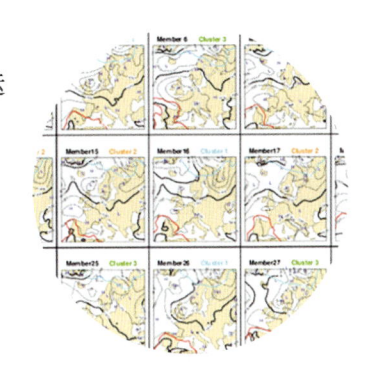

混沌理论

洛伦茨发现，构成天气的系统之间复杂的相互作用对"初始条件"特别敏感。系统启动方式的微小变化将导致截然不同的结果。洛伦茨用他曾经的演讲题目来表述这一点——"巴西一只蝴蝶的翅膀扇动是否会引发美国得克萨斯州的龙卷风？"，尽管他对这个问题的回答是"不会"（龙卷风是一种太过局部的现象）。这种所谓的蝴蝶效应强调了这类系统的特殊敏感性，数学上将其描述为混沌。

这种敏感性导致了天气预测方法的全面转变。气象学家们并没有试图对将要发生的事情做出一个单一的、明确的预测，而是开始在初始条件变化很小的情况下多次运行他们的模型。运行的结果被合并成"集合预测"——一个典型的现代预测可能包括一个模型的50次运行。例如，如果在50次运行中，有20次预测到某个地点在某一时间会下雨，那么该模型将预测到40%的降雨概率。

证 据

19世纪以来，世界各地的大量气象站收集了用于预测和建模的信息，测量了温度、气压、风速、降水量等。最初，许多气象站依靠志愿者观察员，不过现在大多数已实现自动化。

现在，一系列技术设备的输出，特别是气象卫星的输出，已经与气象站的数据结合起来，人们开始从大气高度研究天气模型。数学建模意味着，现在可以看到哪些数据在做出预测时最有效。混沌理论清楚地表明，超过10天的时间范围，只要说出那个时间段的天气趋势，就能提供比任何模型更准确的预测。

上页图：太阳的能量产生温差，引起风的流动。
上图：现代集合预测指在略有不同的起始条件下运行多次。
中图：蝴蝶效应代表了对微小差异的极端依赖。
下图：奥地利的自动化气象站。

求同存异

> 但谁会想被预先告知天气呢?就算没有事先知道这件事的痛苦,
> 当它来临的时候也已经够糟糕的了。
>
> 杰罗姆·K. 杰罗姆(Jerome K. Jerome),1889年

  无须花费大量时间在网上进行搜索,即可发现"业余预报"的新闻报道,这些预报比专业人士更能成功地预测长期天气。这里所发生的是一个统计过程,也是预测其他混沌结果(如股市未来)具有很高的准确性的原因。彩票中奖者很好地说明了这种效果。彩票中奖者显然是成功预测结果的人,但我们把注意力过多地放在中奖者身上,而忽略了千千万万购买彩票而没有中奖的人。如果有足够多的人预测长期天气,哪怕都是随机猜测,也会有人猜对。这并不意味着他们的方法比专业人士的好,这只是运气而已。

  第二次世界大战期间,美国空军的天气预报说明了天气的可能性与人们期望之间的鸿沟。美国专家肯尼斯·阿罗(Kenneth Arrow)分析了提前一个月预测天气的结果,发现这些预测结果并不比随机猜测的好,更难与根据经验猜测的相媲美。阿罗的研究被用来阻止做这些无用的预报。空军的回答是:"司令部很清楚,预报不够准确。然而,司令部需要这些预报来进行规划。"

上图: 专业预测依赖于许多志愿观察者的数据。
下页图: 飓风逼近北美。

学科价值

能够充分了解天气，预测天气的发展，其影响范围从一天的出行是否被雨天影响，到毁灭性飓风到来造成的生死结果。

准确地预测天气对于种植农作物的人和出行的人来说也是非常重要的，尤其是对于乘坐飞机或轮船的人，天气的变化会给他们带来很大的影响。

> 尽管天气预报有时可以预测到这些变化，但天气的混沌性意味着预测总是存在不确定性。

飓风充分说明了预测的学科价值和难度。它们是非常强大的风暴，最小风速为120千米/时，最大风速可达300千米/时，登陆时可造成严重破坏。尽管飓风在气象卫星云图上很明显——这些巨大的风暴范围可达30～2000千米，但它们的破坏路径却难以预测，因为它们可能突然转向，甚至会原路折返。尽管天气预报有时可以预测到这些变化，但天气的混沌性意味着预测总是存在不确定性，这可能会导致突如其来的破坏。尽管预测天气受到天气系统混沌性质的限制，但20世纪80年代率先开展集合预报以来，预测的准确度已得到明显提高。

未来发展

天气预报的呈现方式还有待改进。虽然集合预报存在自然概率,但很少有人向听天气预报的公众充分揭示这些概率。例如,对于下午1点和2点之间的降雨,集合预报可能显示40%的值。这通常被解释为,在预报覆盖的40%的地区或40%的时间里有雨。实际上,这意味着集合中40%的模型运行中出现了降雨,因此给出了40%的降雨概率。

至于对天气的理解,我们可以期待更好的模型,这些模型将更多地考虑到天气的细微因素,特别是随着新的卫星技术的发展。然而,这一进展总是受制于一个条件,即天气系统的混沌性质永远不可能实现完美的预测。

上图: 气象卫星大幅提高了跟踪天气模式的能力。

知识回顾

起源与发展	核心理论	求同存异	学科价值	未来发展
传统的预测往往纯属猜测，但一些天气俚语（如"朝霞不出门，晚霞行千里"）确实有观测依据。 **1643年** 埃万杰利斯塔·托里拆利发明了气压计（里面装满汞）。 **1844年** 卢西恩·维迪发明了更实用的表盘状无液气压计。 **1845年** 乔治·斯托克斯解释了克劳德-路易·纳维的流体流动方程，这是理解大气流动的核心。 **19世纪50年代** 英国海军开始进行科学预测。 **1861年** 《伦敦时报》首次向大众发布天气预报。 **20世纪20年代** 首次使用数学预测。 **1961年** 爱德华·洛伦茨发现了天气系统的混沌本质。	**天气系统**的本质与天气**预测**的尝试密不可分。 天气模型**绘制了**一系列地球表面的**"单元"的天气情况**。 天气模型包括**大气流体流动、热交换、太阳辐射、进出"单元"的水**等。 现代模型利用**超级计算机**进行大量复杂的计算。 计算机预测促进了**数学混沌**的发现。天气系统对**初始条件的微小变化**非常敏感，因此无法进行长期预测。 现代天气预报是以**集合预报**为基础的：在微小变化的初始条件下，多次运行模型预测，计算出**不同结果出现的概率**。	专业预测经常被与那些**成功做出长期预测的"业余预报"**进行不利的比较。但后者并不比选择中奖**彩票号码**更准确。 在**第二次世界大战**中，有人指出，**提前一个月进行天气预报**根本无用。对此给予的回答是：知道预报不够准确……但还是**需要预报才能够做计划**。	预测天气可以**避免经历因天气而外出不顺的一天**，甚至因飓风导致的**生死关头**。 飓风是毁灭性的天气系统，但其**路径很难预测**，因为它们会突然改变方向。 即便如此，**预测还是越变越好了**。 天气预测总是会受到天气系统混沌性质的限制，但是集合预报已经向前迈出了一大步。	由于百分比的使用常常造成混乱，公众将**受益于对集合预报的更好解释**。 从**超级计算机到气象卫星**，无论是在数学上还是在技术效果上，预测天气的模型都在不断改进。 天气系统的混沌性质**永远无法实现完美预测**。

地球科学

气候变化

思想概述

> 我们今天所做的决定对确保现在和未来的每个人都生存在一个安全和可持续的世界至关重要。
>
> 黛布拉·罗伯茨（Debra Roberts）（气专委工作组）

气候常常与天气混淆：天气是我们在当地经历的；气候是产生这些影响的全球整体情况。气候系统包括大气、海洋、地球的陆地表面以及与之相互作用的物质，如云、植物和动物，尤其是人类。

从深冰时代到热带环境的主导，地球的气候在整个历史上一直发生着变化。从技术上讲，我们目前正处于冰河时代，尽管处于冰原退出的"间冰期"（interglacial）。影响气候的最重要和最有争议的因素是温室效应。这种效应是大气中某些气体作用的结果，这些气体让太阳光照进来，又阻止热量散逸，从而使地球变暖。

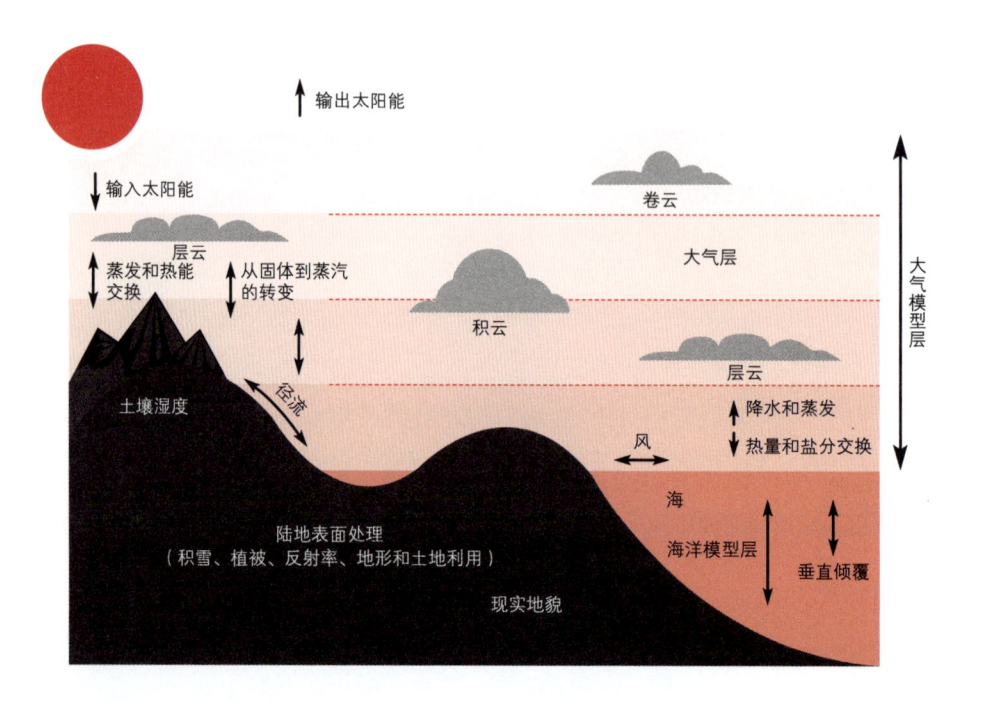

工业革命以来，这些气体在大气中的含量不断增加，有强有力的证据表明，人为的温室气体会升高全球温度。温室气体对气候的影响是复杂的：使冬天更冷，夏天更热。气候变化还会增加风暴的威力，提高海平面。科学界一致认为，气候变化是真实存在的，并对许多人的生活产生了负面影响。

起源与发展

尽管证据有限，但早在古希腊时期，人们就认为，一个地区的气候会随着时间的推移而变化。随着地质学的发展，人们现在大多通过岩石沉积和变形的方式来推测过去的重大气候变化。例如，在现在的温带地区，冰川的作用塑造了山谷，并沉积了现在的位置无法找到的大型岩石。到了19世纪30年代，虽然仍有一部分人认为许多不寻常的特征是由《圣经》中的洪水造成的，但瑞士地质学家路易士·阿格西（Louis Agassiz）提出的冰河时代（ice ages）观点却越来越受到关注。气候发生如此巨大变化的原因尚不清楚，但随着时间的推移，人们越来越清楚地认识到，大气中的温室气体、太阳输出发生变化的太阳周期及大陆漂移造成的陆地质量变化都可能有所影响。

早期气候科学

由温室气体驱动的气候变化的概念感觉像是一个现代概念，但它却是由瑞典物理学家斯万特·阿伦尼乌斯（Svante Arrhenius）于1896年提出的。令人惊讶的是，正是通过对月球的观测，阿伦尼乌斯测量出了大气中温室气体二氧化碳（CO_2）的含量。二氧化碳能吸收红外线。通过比较月球"光线"中的红外线含量[根据月球在天空中的位置是高的还是低的（当月球位置较低时，它的"光线"会通过更多的大气层）来比较]，阿伦尼乌斯能够计算出二氧化碳是如何影响温度的升高和降低的，从而计算出二氧化碳水平的变化对地球的影响。当时主要担心的是温室气体水平会下降。阿伦尼乌斯认为，大气中的二氧化碳只要减少约0.01%（当时水平的一半）就会引发全面的冰河时代的回归。

当时的研究人员也意识到，由于蒸汽机和其他化石燃料的使用，二氧化碳的含量正在逐渐增加，但是寒冷的北方地区的居民认为，全球气温的温和上升是一个福音。直到1972年，英国气象学家约翰·索耶（John Sawyer）发表了一份研究报告，人们才开始对全球变暖及其影响进行有效的建模。

上页图：气候反映了各种复杂因素相互作用的平衡。

核心理论

温室效应、模式和影响

研究气候变化的核心是温室效应。这是因地球大气中的气体干扰了地球的能量流动而产生的。能量的主要来源是太阳,尽管地球内部有一些热量,但保持地球可居住的大部分能量来自太阳,主要是可见光。

这种光使地球表面变暖。任何温暖的物体都会发出电磁辐射——在地表温度下,主要发射红外辐射。当红外辐射离开地球表面时,大气中的一些气体分子吸收能量,然后将其重新发射。因此,部分辐射又回到了地球上——温室气体的作用是将热量留在地球上。

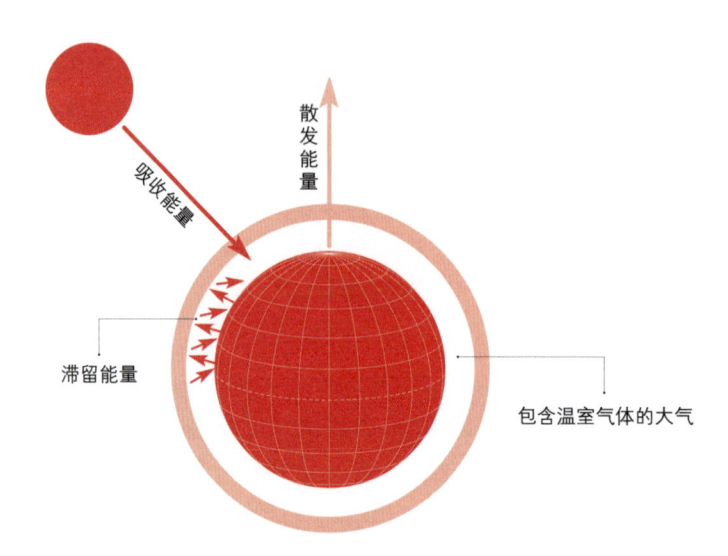

我们也需要感谢温室效应。没有它,地球上的平均温度将为-18℃——比当前水平低约33℃,液态水将是罕见的,而我们所知的生命几乎肯定不会发展。然而,大气中的温室气体过多也确实是个问题,因为气温只要升高一点点,就会对海平面、极端天气和野火产生重大影响。

温室气体有很多种,例如水蒸气、甲烷和一氧化二氮等,但最著名的是二氧化碳,它是由燃烧煤、木材、石油和汽油等碳基燃料产生的。20世纪70年代,一些科学家已经预测到,温室气体水平的提高将对气候产生重大影响。尽管最初人们对大气污染导致的全球降温有所担忧,但到了20世纪80年代,人们形成了广泛的共识,即对气候的最大影响将来自不断增加的温室气体。随着越来越多的国家采用全面工业化经济,温室气体的含量不仅在增加,而且在加快增加。温室气体水平现在是工业革命开始时的两倍。

模拟气候

科学上毫无疑问，温室气体水平的提高正在对气候产生明显的影响，存在分歧的地方只是温室效应未来的发展速度。天气系统是复杂的、混沌的，预报未来几天的天气和气候相对容易，但预测温室效应未来的发展还必须考虑放大和反馈效应。例如，当冰融化时，地球表面会变得更暗，也意味着地球会因入射光而升温，从而导致更多的冰融化。人们一致认为，除非对全球排放量进行限制，否则气候变化的影响将变得更加巨大。

其中的重大影响包括海平面上升、夏天更热、冬天更冷，以及洪水、歉收、致命高温、山火等频发。海平面上升是一个双重打击：随着地球温度的升高，海水膨胀，海平面上升，但冰原也融化到海洋中，进一步推高海平面。如果不加以控制，气候变化可能导致海平面上升，足以使许多沿海城市消失。

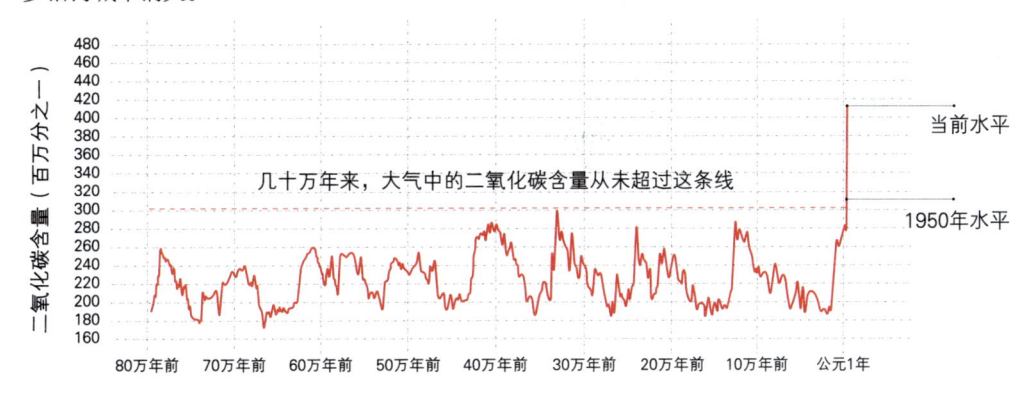

（图：二氧化碳含量（百万分之一）。几十万年来，大气中的二氧化碳含量从未超过这条线。当前水平／1950年水平。横轴：80万年前至公元1年。）

证 据

几十年来，人们一直在监测温室气体的水平，而我们能够利用冰芯（ice cores）进一步测量其历史水平。冰芯是从冰川和冰原中钻出的样本。历经多年，积冰层捕获了大气中的气泡，使我们能够及时回顾过去，观察大气中的温室气体水平是如何变化的。比如二氧化碳，现在已经达到了上万年来前所未有的水平。

与此同时，全球气温持续升高。我们现在已经开始看到由此产生的影响。海平面正在以每世纪30厘米左右的速度上升。这听起来不多，但上升速度正在加快——即使是几厘米的上升，也意味着导致沿海洪水的极端潮汐会显著增加。尽管科学家不认可一个特定的极端天气事件是由气候变化引起的，但我们现在在看到这些事件的发生频率越来越高。毫无疑问，气候变化正在对许多生命造成破坏性的影响。

上页图： 温室气体捕获原本会辐射到太空的能量。
上图： 工业革命以来，二氧化碳水平已经发生了巨大变化。

求同存异

> 整个气候危机不仅是假新闻，更是假科学。
>
> 帕特里克·摩尔（Patrick Moore），美国前总统特朗普曾在推文中援引此言

有人对气候变化科学提出了激烈的批评。其中大部分批评是由因面临排放减少而收入减少的行业推动的，比如处理气候问题没有充分考虑经济的发展。丹麦作家比约恩·隆堡（Bjørn Lomborg）认为，防止气候变化的努力正在受到情感而非逻辑的影响，他认为我们应该将资源集中在疟疾和安全供水等问题上。隆堡曾评论说："解决气候变化的办法不是富裕国家中产阶级的家庭中个人改变就能带来的。"相反，隆堡建议，我们应该实施碳税，并专注于创新，投入更多资本在绿色能源上。

寒星

物理学家亨里克·斯文马克（Henrik Svensmark）的"寒星"（chilling stars）理论是科学上解决人为原因引起气候变化的例子。它表明宇宙射线（从深空撞击大气层的高能粒子流）触发了云的形成，而太阳磁场的变化影响了宇宙射线通过地球的数量。因此，斯文马克认为，低云使地球变冷，因此造成了气候变化。云层确实会对温度产生影响（尽管令人困惑的是，高云层会使地球变暖），但是没有充分的证据表明云层会对气候产生重大影响。与大多数其他科学理论相比，目前人们在气候变化问题上达成了更好的科学共识，而反对这一共识的大多数科学家并不是气候专家。

上图： 比约恩·隆堡（1965—）。
下页图： 随着全球变暖，森林野火变得越来越普遍。

学科价值

气候变化将对人类生活产生巨大影响。举两个例子：海平面和野火频发。低海拔地区容易因海平面上升而遭受破坏。在1998年的一次风暴潮中，孟加拉国约65%的地区被淹没。许多大城市（如纽约和伦敦）都面临海平面上升的危险。同样，2019年，澳大利亚、美国加利福尼亚州、印度尼西亚、非洲和亚马孙地区的野火造成的影响不计其数，导致数十万人紧急疏散，造成了空气污染、房屋被毁和直接人员伤亡等后果。气候变化的长期影响可能会使整个地区无法居住，造成难民危机。毫无疑问，全世界的抗议活动和媒体报道提高了人们对气候变化的认识，但有时这种宣传会适得其反，过度渲染会使听众对信息产生反感。然而，我们需要采取更快的行动，减少温室气体的排放，消除大气中已有的温室气体。

一个重要的问题是，气候变化不是局部的。个人行动（如减少飞行、改用电动汽车和乘坐公共交通工具、改变家庭取暖方式和减少食肉次数）虽然有积极意义，但影响微乎其微。只有各国政府，特别是最大排放国能够就重大改革达成一致意见，才能避免严重损害。

未来发展

气候变化的科学原理已经很成熟了。我们需要迅速减少温室气体的排放,并开发从空气中消除温室气体的技术。

在某种程度上,这将涉及从化石燃料(如煤、石油、天然气和汽油等)转向非排放源发电:太阳能、风能、水能、潮汐能和核能等。这种情况正在发生,但其成本依然居高不下,例如,电动汽车的成本仍然远远高于燃油汽车。电池技术发展迅速,成本差异将逐渐消失,但有人担心我们没有足够的时间。

> 迄今为止,在从大气中消除温室气体的技术方面所做的研究相对较少。

迄今为止,在从大气中消除温室气体的技术方面所做的研究相对较少,但这些技术对于实现现实的目标至关重要。这项技术有一个例子,就是一种新材料,它从大气中清除二氧化碳的效率比树木的吸收效率高1000倍。这种新材料由美国亚利桑那州立大学负碳排放中心研发,干燥时会吸收空气中的二氧化碳,潮湿时会释放出二氧化碳。这种材料的面板可以用于吸收二氧化碳,然后将二氧化碳带到可以储存气体的地下空间。

上图:摆脱化石燃料只是气候变化所需对策的一部分。

知识回顾

起源与发展	核心理论	求同存异	学科价值	未来发展
1837年 路易士·阿格西提出了冰河时代的概念。 **1896年** 斯万特·阿伦尼乌斯展示了温室气体对全球气温的影响。 **1972年** 首次对全球变暖做出详细预测。	**温室效应**：大气中的气体捕获离开地球的红外辐射，并将其重新发射回来，使地球变暖。如果没有温室气体，地球对我们所知的生命来说就过于寒冷了，但工业革命以来，温室气体的含量不断增加，威胁着全球气候。 **主要温室气体**有水蒸气、二氧化碳、甲烷和一氧化二氮。 **影响**：海平面上升，夏天更热，冬天更冷，由此产生的影响包括洪水、歉收、致命高温、山火等频发。 **证据**：通过研究从冰芯中捕获的温室气体可知，温室气体的增加可以追溯到许多世纪以前。工业革命以来，温室气体水平一直在上升，现在已经达到上万年来的最高点。 全球气温正在持续上升，而且上升的速度正在加快。	一些人出于既得利益而**否认气候变化**，例如面临收入减少和成本增加的行业的人。 **比约恩·隆堡**自出版《持疑的环保论者》（*The Skeptical Environmentalist*）一书后，一直强调对气候变化的逻辑经济观，主张征收碳税，并注重创新，尤其是绿色能源的生产和储存。 物理学家**亨里克·斯文马克**认为，气候变化可能是由太阳磁场变化对宇宙射线的影响引起的，这可能会改变云层覆盖。 气候学家一致认为，气候变化是真实存在的，人类产生的温室气体是主要原因。	温室气体已经对人类生活产生了**重大影响**。 海平面上升和野火频发等后果对社区造成了毁灭性影响。 长期影响可能**使整个地区无法居住**，引发难民危机。 个人层面的行动影响有限。只有**政府的改变**才能发挥重大作用。	能源生产需要从化石燃料转向不产生温室气体的能源，如**太阳能、风能、潮汐能、水能和核能**。 改进的电池技术将使**电动汽车**更加经济实惠，但这需要花费太长时间。 在**从大气中清除二氧化碳**的技术方面，还需要做更多的工作。例如，一种新材料从大气中清除二氧化碳的效率比树木的吸收效率高1000倍。

地球科学

119

关键人物、思想和概念

古 代

公元前500—公元前450年	**留基伯**	原子理论奠基人之一
公元前490—公元前430年	**恩培多克勒**	元素理论的提出者
公元前460—公元前370年	**德谟克利特**	原子理论另一奠基人
公元前384—公元前322年	**亚里士多德**	巩固了元素理论、物理学和生物学的早期概念
公元前287—公元前212年	**阿基米德**	数学家和工程师

中 世 纪

约965—1038年	**海什木**	提出了光学的基本概念
1170—1250年	**列昂纳多（斐波那契）**	描述了斐波那契数列，并在欧洲普及了阿拉伯/印度数字
1473—1543年	**哥白尼**	提出了太阳是宇宙的中心
1494—1555年	**格奥尔格·阿格里科拉**	首次对采矿和矿石进行了科学研究
1544—1603年	**威廉·吉尔伯特**	研究磁学
1564—1642年	**伽利略**	探索了运动物理学，并支持哥白尼理论
1596—1650年	**勒内·笛卡儿**	发展了解析几何学和二元论

启蒙运动与维多利亚时代

1627—1691年	罗伯特·波义耳	实现了从炼金术到化学的转变
1629—1695年	克里斯蒂安·惠更斯	在天文方面取得了新发现,研究了万有引力并发明了摆钟
1632—1732年	安东尼·范·列文虎克	发现了月形单胞菌
1635—1703年	罗伯特·胡克	研究了运动物理学和光学,并为生物细胞命名
1643—1727年	艾萨克·牛顿	建立了运动定律、万有引力理论、色彩理论等
1707—1778年	卡尔·林奈	引入了物种二名法
1727—1797年	詹姆斯·赫顿	用均变论方法改造了地质学
1743—1794年	安托万·拉瓦锡	提出了现代化学的基础知识
1766—1844年	约翰·道尔顿	发展了现代原子理论
1769—1832年	乔治·居维叶	开创了基本的生物分类和古生物学
1791—1867年	迈克尔·法拉第	发展了电磁和场理论
1796—1832年	萨迪·卡诺	解释了热机的物理学
1797—1875年	查尔斯·莱尔	提出了现代地质学理论
1809—1882年	查尔斯·达尔文	发表了自然选择进化论
1822—1884年	格雷戈尔·孟德尔	提出了遗传学的基本概念
1824—1907年	威廉·汤姆森(开尔文勋爵)	发展了热力学理论
1831—1879年	詹姆斯·克拉克·麦克斯韦	提出了统计力学,发展了电磁学方程
1834—1907年	季米特里·门捷列夫	制定了元素周期表
1844—1906年	路德维希·玻尔兹曼	致力于气体动力学理论和熵的研究

现 代

1856—1940年	J. J. 汤姆逊	发现了电子
1858—1947年	马克斯·普朗克	提出了量子力学
1867—1934年	玛丽·居里	发展了放射性科学
1871—1937年	欧内斯特·卢瑟福	发现了原子核，并与他人共同发现了同位素
1879—1955年	阿尔伯特·爱因斯坦	发展了狭义相对论和广义相对论，帮助建立了量子理论，证明了原子的存在
1880—1930年	阿尔弗雷德·魏格纳	提出了大陆漂移理论
1882—1935年	埃米·诺特	设计了连接物理学和对称性的数学
1885—1962年	尼尔斯·玻尔	发展了原子的量子理论
1887—1961年	埃尔温·薛定谔	提出了量子力学的中心方程
1901—1976年	维尔纳·海森堡	提出了不确定性原理
1916—2004年	弗朗西斯·克里克	DNA结构的共同发现者
1917—2008年	爱德华·洛伦茨	发展了混沌理论，解释了天气系统的表现
1918—1988年	理查德·费曼	发展了量子电动力学
1928年—	詹姆斯·沃森	DNA结构的共同发现者
1928—2016年	薇拉·鲁宾	提出了暗物质存在的证据

术语表

绝对零度（Absolute zero）——是可能的最低温度，−273.15℃，约−460℉。

吸积（Accretion）——物质在引力作用下聚集在一起，形成太阳系。

角动量（Angular momentum）——旋转强度的度量，以及阻止旋转的难度。

人择原理（Anthropic principle）——基于人类生命存在的逻辑论证。比如，自然界的一些常数一定在有限的范围内取值，否则我们就无法观察到它们。

反物质（Antimatter）——所有的物质粒子都有等价的反物质粒子，其电荷和某些其他特性的值与物质相反。

顶级掠食者（Apex predator）——特定环境中位于食物链的顶端，自身没有明显的掠食者。

古菌（Archaea）——虽然与细菌相似，但这些单细胞原核生物是一个完全独立的生物域，具有独特的性质。

小行星（Asteroid）——太阳系中的岩石体，比行星小，不是卫星。

原子（Atom）——元素的基本粒子。曾经被认为是最小的单位，但现在我们知道原子也具有内部结构。

细菌（Bacteria）——属单细胞原核生物，是地球上最常见的生物形式。

黑体（Black body）——吸收所有电磁辐射的假想物体。受热后的黑体会发出具有特定频率分布的辐射。

黑洞（Black hole）——由于恒星爆炸而变得如此致密以致坍缩成一点的物质集合。在黑洞附近，时空扭曲得连光都无法逃脱。

蓝移（Blueshift）——当发光物体向观察者移动时，光的能量变高，波长更短，向光谱的蓝色端移动。

化学键（Bond）——原子之间的电磁连接。可以是共价的，以共享电子为基础；也可以是离子的，以原子成为离子从而带电为基础。

玻色子（Bosons）——充当力载体的基本粒子，例如光子，其中许多粒子可以同时占据相同的位置和状态。

承载能力（Carrying capacity）——环境能够支持的物种数量。

催化剂（Catalyst）——使其他化学物质反应更快或在更低的温度下反应，而其本身不会被消耗的物质。

混沌（Chaos）——在数学意义上，一个系统的起始条件的微小变化会导致结果的巨大差异。

叶绿素（Chlorophyl）——存在于植物、藻类和一些细菌中的绿色色素，用于吸收光能。

叶绿体（Chloroplast）——植物细胞内的结构，处理被叶绿素吸收的光能，使植物能够利用光能。

染色体（Chromosome）——细胞内含有基因的DNA单链。一个细胞可能有相当多的不同染色体。

分支系统学（Cladistics）——一种将生物分为具有共同祖先的群体的生物系统。

守恒定律（Conservation law）——物理定律，如果系统是孤立的，则系统的某些方面无法更改，如能量守恒。

宇宙射线（Cosmic rays）——流经宇宙的高能粒子流，其中部分进入地球大气层。

宇宙学（Cosmology）——对整个宇宙的研究，而不像天文学那样涵盖星系、恒星和行星等各个组成部分。

CRISPR（Clustered regularly interspaced short palindromic repeats，常间回文重复序列丛集）——用于编辑DNA长度的技术，可在需要的地方精确切割分子。

暗能量（Dark energy）——正在加速宇宙膨胀的未知能量，约占宇宙中质量/能量的68%。

暗物质（Dark matter）——未知类型的物质，不与电磁相互作用，影响星系的旋转，约占宇宙质量/能量的27%。

退相干（Decoherence）——量子粒子与周围环境相互作用并失去量子叠加状态的趋势。

DNA（脱氧核糖核酸）——活细胞中用于储存生物体生长和繁殖所需的遗传信息的分子。

电磁力（Electromagnetism）——结合电和磁的自然力，负责物质和光的大多数日常相互作用。

电子（Electron）——带负电荷的基本物质粒子，携带电流。它们在原子周围的分布决定了原子的化学性质。

元素（Element）——由单一类型的原子构成的物质。特定的元素由其原子核中的质子数决定，而其化学性质是由其外层电子数决定的。

涌现（Emergent）——如果一个系统的属性不是系统各部分的属性，而是从系统各部分的相互作用中产生的，那么这个系统就具有涌现性。

内共生（Endosymbiosis）——一个或多个有机体生长在另一个有机体中，为另一个有机体提供服务以换取安全和营养，随着时间的推移二者会形成复合有机体。

能量（Energy）——使事情发生的能力，取决于自然力（如引力和电磁力）的运动或势能。

纠缠（Entaglement）——两个或多个量子粒子之间的联系，这意味着一个粒子的变化会立即反映在另一个粒子上，无论它们相距多远。

熵（Entropy）——系统无序度的量度。热力学第二定律说，在一个封闭系统中，熵会保持不变或增加。

表观遗传学（Epigenetics）——对来自基因外部的遗传机制的影响，可能来自DNA的其他部分，也可能来自DNA的外部添加。

均衡（Equilibrium）——系统的平衡。如果一个系统处于平衡状态，它就会保持在同一个状态。在这个状态下，由于能量从一个地方转移到另一个地方，它会发生变化。

真核生物（Eukaryotes）——基于一个或多个复杂细胞的生物，这些细胞包含一个容纳DNA和分子机械的细胞核。

费米子（Fermions）——基本物质粒子，如夸克和电子。没有两个费米子可以在同一位置具有相同的量子性质。

鞭毛（Flagellum）——外部鞭状结构，可以像螺旋桨一样移动单细胞生物。

场（Field）——在空间（通常是时间）上具有值的自然量，例如电磁场或引力场。

力（Force）——作用于物体，除非受到阻碍，否则会导致物体的运动发生变化。

化石燃料（Fossil fuel）——以化石生物中的碳为基础的燃料，如煤、石油和天然气。

频率（Frequency）——重复现象（如波）在一秒钟内重复的次数。

基因（Gene）——DNA的一部分，包含指定氨基酸的信息，通常是蛋白质的组成部分。

胶子（Gluon）——一种玻色子，是携带强核力的基本粒子，将原子核中的粒子结合在一起。

温室气体（Greenhouse gas）——大气中允许热量进入但限制热量离开的气体，如二氧化碳或水蒸气。

半衰期（Half-life）——放射性物质一半衰变的时间。

氢键（Hydrogen bond）——由一个分子的相对正端与另一个分子的相对负端之间的吸引力形成的键，以水中的氢-氧吸引力为代表。

暴胀（Inflation）——假设中早期的宇宙突然膨胀，膨胀速度远远超过光速。

间冰期（Interglacial）——冰河时期的一段时期，冰层已部分融化。人类目前正处于一个间冰期。

离子（Ion）——失去或获得一个或多个电子而带电的原子。

同位素（Isotope）——原子核中中子数不同的元素变体：同位素在化学上性质相同，但衰变趋势不同。

地幔（Mantle）——地球位于地壳和液态外核之间的部分。

质量（Mass）——物质抵抗加速度并决定其引力强度的性质。

力学（Mechanics）——研究物体运动的科学。

中位数（Median）——不同于通常的平均值（所有值相加并除以值的个数），中位数是值的中间点。

线粒体（Mitochondria）——真核细胞内部储存能量的成分，曾被认为是独立的细菌。

分子（Molecule）——原子通过化学键连接在一起形成的单一实体。

多元宇宙（Multiverse）——由多个宇宙组成的假设宇宙，每个宇宙都有自己的大爆炸和自然法则。

中微子（Neutrino）——核反应中产生的基本物质粒子，质量很小，没有电磁相互作用。

中子（Neutron）——在原子核中发现的电中性粒子。

核裂变（Nuclear fission）——原子核分裂，产生能量，是目前核电站的动力源。

核聚变（Nuclear fusion）——两个或多个原子核的结合，产生能量，是恒星和未来核电站的动力源。

细胞核（Nucleus）——真核细胞内被膜隔开的部分，包含化学物质、DNA和分子机械。

原子核（Nucleus）——原子相对较大的中心部分，由质子和中子组成，质子和中子本身由夸克和胶子组成。

轨道（Orbit）——天体在引力作用下围绕另一个天体运动时所经过的路径。

轨函（Orbital）——原子核周围的概率模式，指示可能在何处发现电子。

氧化（Oxidation）——在化学中，原子或分子失去电子的反应。

宇宙胚种论（Panspermia）——认为生命不是起源于地球，而是从太空来到地球的理论。

视差（Parallax）——从两个不同的位置观察时，远处物体有明显移动的现象。

粒子（Particle）——物质或能量的微小量子成分。

噬菌体（Phage）——攻击细菌的病毒类型。

光子（Photon）——光的量子粒子。

光合作用（Photosynthesis）——植物、藻类和一些细菌从光中产生化学能的过程。

等离子体（Plasma）——类似气体的离子集合。

功率（Power）——做功（能量转移）的速率。

原核生物（Prokaryotes）——细胞结构相对简单且无细胞核的单细胞生物：细菌和古菌。

蛋白质（Protein）——由氨基酸链构成的大分子有机化合物，对生命功能至关重要。

质子（Proton）——在原子核中发现的带正电荷的粒子。

量子（Quantum）——能表现出某物质或物理量特性的最小单元。量子粒子的属性只能有一定的值，而不是任何值。

夸克（Quark）——基本物质粒子，三个夸克可以组成质子和中子。

辐射（Radiation）——在核反应中产生的电磁辐射（如光）或高能粒子流，如α粒子或β粒子。

红移（Redshift）——当发光物体远离观察者时，光的能量变低，波长变长，向光谱的红色端移动。

还原（Reduction）——在化学中，原子或分子获得电子的反应。

折射（Refraction）——光以不同的速度从一种材料进入另一种材料导致方向改变的结果。

相对论（Relativity）——研究不同物体之间的相对运动及其对时间、空间和引力的影响的理论。

再野化（Rewilding）——将动物和植物归还给环境，或者用同等生物替代已灭绝的生物，以重新平衡生态的概念。

RNA（核糖核酸）——一种简单的DNA等价物，在某些生物体中用于携带基因信息。

壳层（原子）——原子周围被一个或多个具有共同性质的电子占据的区域。

太阳风（Solar wind）——太阳的高能粒子喷发。

时空（Spacetime）——空间和时间相统一的概念。根据狭义相对论和广义相对论，时间和空间不可分。

光谱学（Spectroscopy）——利用材料或物体发出或吸收的光的颜色来确定其构成元素。

光谱（Spectrum）——物体发射或吸收的光的颜色范围。

俯冲（Subduction）——发生在构造板块交汇处，一个板块被压在另一个板块之下的过程。

超导性（Superconductivity）——某些材料在低温下无电阻导电的能力。

超新星（Supernova）——恒星爆炸充分聚集能量足以产生更重的元素，并形成超致密体，如黑洞。

叠加（Superposition）——量子粒子或系统同时处于多个状态的能力。

构造板块（Tectonic plate）——地壳的一部分，在地表缓慢移动。

热力学（Thermodynamics）——研究热量运动的科学，具有熵和能量守恒的性质。

均变论（Uniformitarianism）——地质学理论，认为许多地质构造是在很长一段时间内由仍在进行的渐进过程产生的。

化合价（Valence）——指定一个原子与其他原子结合的方式，这取决于原子的外层电子数。

病毒（Virus）——只能利用宿主的机制进行复制的生物，通常在复制过程中破坏宿主。

波长（Wavelength）——重复过程中的距离，如过程中两个相同点之间的波。

功（Work）——用于实现某件事的能量。

延伸阅读

生物学和进化论
BIOLOGY

***Dry Store Room No. 1** – Richard Storey (Knopf Publishing, 2008)*
Uses the stores of London's Natural History Museum to explore natural history and paleontology.

***I Mammal** – Liam Drew (Bloomsbury, 2017)*
A straightforward biology book on mammals and their origins – but written as a delightful voyage of discovery, piling in surprising facts.

***Making Eden** – David Beerling (OUP, 2019)*
A rare title on the Cinderella of biology, botany. Lots of detail – there's a whole chapter on stomata, plants' gas valves – yet manages to make the topic remarkable reading.

***The Accidental Species** – Henry Gee (Chicago University Press, 2014)*
Provides an introduction to paleontology and a fresh and effective look at the nature of evolution and the development of the human species.

***What Do You Think You Are?** – Brian Clegg (Icon Books, 2020)*
Explores what makes you the individual you are, from the atoms that make you up to your genes, personality and environment.

***The Story of the Dinosaurs in 25 Discoveries** – Donald Prothero (Columbia University Press, 2019)*
Combines stories of the history of paleontology with information on a wide range of dinosaurs in a highly accessible fashion.

地球科学
EARTH

***Atmosphere of Hope** – Tim Flannery (Penguin, 2015)*
After taking us through the evidence that climate change exists and the predictions of dire future outcomes, Flannery provides a good picture of the possible solutions and their implications.

***Jet Stream** – Tim Woolings (OUP, 2019)*
Starting on a beach in Barbados, takes us on a trip alongside a weather balloon, around the world on this dramatic flow in the global atmosphere with a significant impact on climate.

***The Planet in a Pebble** – Jan Zalasiewicz (OUP, 2010)*
Starting from a single slate pebble, found on a Welsh beach, the author reveals a whole host of aspects of the formation of the universe, the Earth, early biology and geology.

***The Story of Earth** – Robert M. Hazen (Viking, 2012)*
A highly interesting read and a great introduction to modern geological thought on the formation of our planet, both where we came from and where we might be going.

***The Vital Question** – Nick Lane (Profile Books, 2015)*
A fascinating guide through the magnificent complexity of biological mechanisms, particularly those of molecular machinery, leading to an exploration of the possible origins of life.